U0592683

中正仁和

走进养心殿

山东博物馆　编

浙江人民美术出版社

中正仁和

序

　　2015 年岁末，故宫博物院启动了"养心殿研究性保护项目"。该项目旨在恢复并延续养心殿区域的健康状态，改善文物保存环境，提升观众参观质量；同时探索故宫古建筑研究性保护修复的方法与策略，以及多学科合作修复的途径。希望能够率先实现"研究性、预防性"为主的科学修复，为国内文物建筑保护工程做出表率。在此期间，养心殿区域暂停对观众开放。为弥补观众"过门而不得入"的遗憾，在研究性保护项目启动的同时，故宫博物院便开始筹备"养心殿"主题展览，让养心殿"走出"紫禁城，让观众"走进"养心殿。从 2016 年起直至今天，"养心殿"主题展览已经先后在首都博物馆、香港文化博物馆、南京博物院巡回展出，引起较大的社会反响。此次，在进一步优化调整展品的基础上，故宫博物院与山东博物馆通力合作，为观众呈现出相似却又不同的"中正仁和——走进养心殿"主题展览。

　　养心殿位于紫禁城西六宫区域，紧邻乾清宫，为一所独立院落。"养心"二字，取意于《孟子·尽心篇》："养心，莫善于寡欲。"养心殿建于明代，曾为明代皇帝闲居、用膳的宫殿。清代，这里成为最高权力中心所在地，是清代帝王使用时间最长的勤政燕寝之所。清顺治、康熙年间，养心殿是皇帝的临时住所，以及宫内的造办处中心。康熙皇帝去世后，雍正帝在养心殿守孝 27 个月，随后便正式移居养心殿。从此，养心殿成为清朝皇帝处理日常政务的行政中心，先后有八代皇帝在养心殿处理政务和居住。从雍正朝至清末，关乎军国大事的决策几乎都是在此处产生，并诏告天下。

　　本次展览共展出故宫博物院藏养心殿相关文物 241 件。不同于故宫博物院以往的专题文物展，此次展览采用了以原状景观复原为主，分类展示为补充的展陈方式，力求最大限度还原养心殿各区域的原貌。让观众徜徉展厅，便仿佛走进了养心殿，去欣赏"窗外"看不到的布局与陈设，近距离地了解清代帝王在养心殿的理政与学习，休闲与娱乐，感受帝王们的日常生活与精神世界，回顾清王朝的荣辱兴衰。

　　2014 年故宫博物院与山东省人民政府签署了加强交流合作的框架协

议。在这一协议精神的指导下，故宫博物院与山东博物馆一直保持着友好、密切的合作关系。近年来双方合作推出了"大羽华裳—明清服饰特展""皇帝眼中的西洋科技展""御窑·皇家—明代官窑瓷器展"等多个颇受好评的展览。年年岁岁花相似，岁岁年年"展"不同。"中正仁和—走进养心殿展"是"养心殿"专题展的第四站，也是两馆的又一次精诚合作。不同于以往的专题器物展出，这一大型的原状性主题展示，必将会给观众带来更为震撼的参观体验。

　　衷心感谢为此次展览付出辛劳的各位同仁，预祝展览取得圆满成功！

单霁翔

2018 年 6 月

前言

养心殿位于紫禁城西六宫区域，紧邻乾清宫，为一所独立院落。这里不仅是清朝雍正帝以来权力的中枢，也是清代帝王使用时间最长的勤政燕寝之所。

这里，不仅留下了《中正仁和》、《勤政亲贤》、三朝圣训等匾联，昭示出清代帝王治理国家的思想感悟。而且是"明窗开笔""宴飨祈福"等典礼的发生地，展示出皇家生活中的融融之情。更有"三王"稀世墨宝贮藏其中，寄托了皇帝的翰墨情怀。静谧佛堂，展现出皇帝修心养性的愿景。东暖阁，更是"垂帘听政""皇帝逊位""张勋复辟"等历史事件的见证者。

走近养心殿，一探清朝最高权力所在地—养心殿的历史，通过养心殿，一观清王朝的兴衰成败。

养心殿与清代政治

—— 故宫博物院宫廷部　许静

　　养心殿位于紫禁城西六宫南侧，整个区域呈"工"字形结构，前殿面宽三楹、进深四楹，后殿宽五楹，前殿与后殿之间有一道南北向的穿堂。养心殿始建于明代嘉靖年间，具体完成时间为嘉靖十六年（1537）六月，"丙子新作养心殿成"[1]。其殿名"养心"二字出自《孟子》"养心莫善于寡欲"，[2]它的东西两个配殿在明代分别叫作"履仁斋"和"一德轩"，以"仁""德"命名，充分概括了初建此宫殿的用意。

　　在明代，养心殿是皇帝起居听政之外闲居的宫殿，也是皇帝常常用膳的地方。养心殿宫区的入口叫作"遵义门"，但是在明朝大部分时间被称为"膳厨门"，嘉靖十四年（1535）才改为遵义门。不过一直到明末，太监们仍然称其为膳厨门。进了遵义门，在北边即可看到养心门。在明代，养心门的南侧是长排的膳房。当时皇帝的膳食就是在这里调制的，皇帝既可以在养心殿用膳，也可以命人将膳食送到乾清宫。在明末天启皇帝之时，魏忠贤专权，他擅自将膳房迁出，将膳房原有的地方改为司礼监掌印秉笔太监的办事衙署。此后，魏忠贤就在这里独揽大权，代皇帝批阅奏章，残害忠臣。另外，明代时在养心门的南面还有一座无梁殿，是嘉靖皇帝在位时下令建造的。整个殿宇都是砖石结构，不用一根木材，是嘉靖皇帝炼丹药的地方。[3]

　　明清鼎革之后，养心殿并未遭到破坏，仍然是皇帝闲暇时期驻足的地方。顺治十八年（1661）正月，顺治帝在养心殿立玄烨为皇太子："先五日壬子，世祖章皇帝不豫。丙辰，遂大渐，召原任学士麻勒吉、学士王熙至养心殿，降旨一一自责，定皇上御名，命立为皇太子，并谕以辅政大臣索尼、苏克萨哈、遏必隆、鳌拜姓名，令草遗诏。"[4]两天之后，顺治帝逝于养心殿。但由于顺治朝养心殿的资料阙失，不能得到更多有关养心殿使用的信息。

　　康熙时期的养心殿很少有关于政务的活动，史料上有关于康熙帝在养心殿召见臣工的零星记载，如：康熙二十年（1681）二月，礼部侍郎牛钮

---

1 《明世宗实录》卷 201，嘉靖十六年六月。
2 《孟子·尽心下》。
3 《明清两代宫苑建置沿革图考》。第 39 页（长编 45963）
4 《清圣祖实录》卷 1，顺治十八年正月辛亥条。

出使朝鲜之前，康熙帝在养心殿召见他，并谕："汝近侍日久，今奉使东方，惟慎大体，服其心而已，勿使轻我中朝。"[5] 康熙二十四年（1685）三月，康熙帝考试满洲官员翻译，召大学士明珠、提督麻勒吉、学士常书至养心殿阅卷。[6]

养心殿的东暖阁曾悬挂康熙帝的圣训："天下之治乱休咎，皆系于人主之一身一心。政令之设，必当远虑深谋，以防后悔。周详筹度，计及久长。不可为近名邀利之举，不可用一己偏执之见。采群言以广益，合众志以成城，始为无偏无党之道。孝者，百行之原，不孝之人断不可用。义者，万事之本，不义之事断不可为。孝以立身，义以制事，无是二者，虽君臣父子不能保也。"[7]

康熙六十一年（1722）农历十一月十三日，康熙帝病逝于畅春园。按照规制，为大行皇帝治丧的二十七天内，嗣皇帝在倚庐身穿丧服居住，之后再正式入住寝宫。雍正帝以乾清宫东庑为倚庐，为康熙帝守孝二十七日后，不顾诸王大臣的反对，仍坚持遵循古制，守孝二十七个月，并决定守孝期满后，移居养心殿："诸王大臣金云持服二十七日后，应移居乾清宫。朕思乾清宫乃皇考六十余年所御，朕即居住，心实不忍。朕意欲居于月华门外养心殿，著将殿内略为葺理，务令朴素。朕居养心殿，守孝二十七月，以尽朕心。"[8] 于是，雍正帝在持服二十七日之后移居养心殿，继续素服持斋，守孝二十七个月。雍正三年（1725）二月，守孝结束，雍正帝选择继续留在养心殿。自此，养心殿成为了清代皇帝的寝宫，也因此取代乾清宫成为皇帝日常政务活动的中心。

勤政亲贤

养心殿正殿宝座上方的"中正仁和"匾即为雍正帝御笔。在东暖阁曾悬挂雍正圣训："敬天法祖，勤政亲贤。爱民择吏，除暴安良。勿过宽柔，勿过严猛。同气至亲，实为一体。诚心友爱，休戚相关。时闻正言，日行正事。

5 《国朝耆献类征》，徐乾学《资政大夫经筵讲官内阁学士兼礼部侍郎牛公钮墓志铭》。
6 《清圣祖实录》，康熙二十四年三月戊辰条。
7 《国朝宫史》卷13，宫殿三，第249页。
8 《清世宗实录》，卷1，康熙六十一年十一月己酉条。

勿为小人所诱，勿为邪说所惑。祖宗所遗之宗室宜亲，国家所用之贤良宜保，自然和气致祥绵宗社万年之庆。"[9] 养心殿西暖阁内悬挂有他的御笔"勤政亲贤"匾额。

雍正帝以勤政著称，这一点在他留下的大量的朱批奏折中得到了充分的证明。

奏折制度在顺治末期已经有所发端。顺治十三年（1656）六月，为了防止奏章先送内院拆阅票签有泄密之虞，顺治帝下令臣工奏折直递宫门，"这种直达御前的密封奏折，不仅堪称日后通行奏折的嚆矢，且开了清朝秘密政治的先河"。[10] 康熙时期，尽管康熙帝也偶用奏折与臣工交流，但奏折制度毕竟仍处于草创阶段，奏折制度正式确立是在雍正朝。

雍正一生批阅了大量的奏折，收录于《雍正朝汉文朱批奏折汇编》的朱批奏折约35000余件，加上未公布的满文朱批奏折约6000余件。[11] 在这些奏折中，雍正帝的勤奋与高度自律跃然纸上。雍正帝几乎每天的生活就是白天与臣工商议政务，晚上在养心殿批阅奏折。在很多时候，雍正帝在奏折中的批语字数甚至多达几百字。例如雍正四年（1726）云南巡抚鄂尔泰上奏折向雍正帝陈述用人一事，雍正帝写了大段朱批：

"治天下惟以用人一政为本，其余皆枝叶事耳。览汝所论之文武大吏以至于微奇，就朕所知者，甚合朕意。但朕不过就日下目力之所见，断不敢保其必也。览卿之奏，非大公不能如是，非注意留神为国家得人不能如是，非虚明觉照不能如是，朕实嘉之。但所见如是，必明试以功，仍当以临事经验方可信任，便经历几事，亦之可信其以往，仍留意观其将来，万不可信其必不改移也。上智之资，从古难得。朕前批谕田文镜，言用人之难有两句，'可信者非人何求；不可信者，非人而何'，不明此理，不可以言用人也。朕实如此法用人，卿等当法之，则用永不被人愚矣。卿等封疆之任古诸虞也，阃省窥伺，投其所好，百般千方掩其不善而著其善，粉饰欺隐，何所不敢。

9 《国朝宫史》卷13，宫殿三，第249页。
10 郭成康：《雍正密谕浅析—兼及军机处设立的时间》，《清史研究》1998年2月。
11 郭成康：《雍正密谕浅析—兼及军机处设立的时间》。

惟才之一字，不能假借也。凡有才具之员，当惜之、教之，朕意虽魑魅魍魉，亦不能逃我范围也，何惧之有。既至教而不听，有真凭实据时，处之以法，乃伊自取也，何碍乎朕意？卿等封疆大臣，只以留神用材为要，庸碌安分洁己沽名之人，驾驭虽然省力，恐误事。当用材情之人要费心力方可。若无能大员，实不如用忠厚老成人，亦不过得中医之法耳，非尽人力，听天之道也。灯下随手写来的可笑之文与字，却是家常茶饭，卿可以意会之。"[12]

在这段近五百字的朱批中，雍正帝肯定了鄂尔泰提出的用人之道，并且提出了两个重要的用人理念：首先要重视对官员的业绩考察，其次要重视官员的才能，提出官员的操守可以伪装，但是才能是装不出来的。

在这段朱批的最后，雍正帝"灯下随手写来"一句，是经常出现在他朱批中的，如："又系灯下率笔，字迹更属可笑"[13]"丙夜灯下逐条省览，一一批示矣"[14]。他常常批奏折至深夜。他用自己的行动阐释了"勤政"二字。

雍正帝勤奋自律，同时也以自己的标准要求大臣们，那些有疏忽的大臣经常遭到他的训斥。雍正七年（1729），署理浙江总督性桂重复上奏折，被雍正发觉，在奏折中批道："前既奏过，今又照样抄誊渎奏，是何意见耶？"[15]福建巡抚刘世明因为对于雍正帝的新谕旨没有及时上折进行反应，遭到了雍正的训斥："朕日理万机，刻无宁晷，费一片心血，亲笔训诲之旨，竟一字不复，想汝终日在醉梦中矣。"[16]

雍正帝也经常告诫督抚大员要勤勉，如雍正二年（1724）六月，湖广巡抚齐喀奉命回奏密查湖广邪教一事，雍正帝在朱批中训导他要"勤慎"："尔身膺封疆重任，凡此有关风化人心、利益国计民生之事，当日日留心，博问广咨，应奏闻请旨者奏，应行者秉公执政而行，时刻疏忽不得的。少偷一时安闲，即废弛一时之政务。勤慎二字，方寸中一刻也放不得的。勉之。"[17]

12 《雍正朝汉文朱批奏折汇编》鄂尔泰，四年八月初六日折，7册，842页。
13 《雍正朝汉文朱批奏折汇编》鄂尔泰，四年四月十九日折，7册，第146页。
14 《雍正朝汉文朱批奏折汇编》田文镜，七年九月二十九日折，16册，773页。
15 《雍正朝汉文朱批奏折汇编》性桂，七年八月初六日折，16册，280页。
16 《雍正朝汉文朱批奏折汇编》刘世明，八年二月初三日折，17册，846页。
17 《雍正朝汉文朱批奏折汇编》纳齐喀，二年六月二十六日折，3册，247页。

为君难

以勤政著称的雍正帝常常强调为君之难。而养心殿西暖阁在最初的时候悬挂着"为君难"的匾，并有"惟以一人治天下，岂为天下奉一人"联。[18]档案中记载了匾联的具体装裱情形："雍正元年正月二十二，怡亲王交御笔'为君难'字一张，长三尺九寸五分、宽一尺六寸六分；'惟以一人治天下，岂为天下奉一人'对一副，高五尺八寸五分、宽九寸五分。奉旨：匾对俱木格眼一块玉，不必镶边。"[19]故宫博物院收藏有多方雍正帝"为君难"的印章，有寿山石、青田石等材质不等。档案中有关于雍正帝制作印章的记载："雍正元年正月二十三日，怡亲王交红色寿山石双螭珗扁钮长方引首一方，红色寿山石飞熊钮图书一方，红色寿山石苍龙教子钮图书一方。奉旨：双螭珗钮长方引首下边砣做腰圆形，镌'为君难'，飞熊钮图书镌'朝乾夕惕'，苍龙教子钮图书镌'雍正宸翰'。"[20]

雍正七年（1729），雍正帝曾经就贾谊见汉文帝的典故发表了一大段感言，并感叹帝王之难："朕观前史所载，未可全信，每滋后人之口实。如汉文帝见贾谊，问以鬼神，至夜半前席一事，李商隐则为诗讥之曰'可怜夜半虚前席，不问苍生问鬼神'。夫贾谊入见时，文帝方受釐坐宣室，因感鬼神之事而问之，此固非问苍生时也。如欲问苍生之事，随时可以召对，又何必夜半哉？至于坐久前席，亦寻常事耳。且文帝，汉之贤主也，恭俭仁厚，移风易俗，阅历事务深矣。视贾谊之疏狂少年，才识相去何啻什伯？盖知其不足与问苍生，故姑问鬼神耳。贾谊经济，具见《治安策》中，不独论当世之务，迂阔难行，其于尧舜之治道，亦未窥见本原也。贾谊之策，仅托诸空言，文帝之功，已见诸事实，文帝岂弃才之主哉？而王勃又谓：'屈贾谊于长沙，非无圣主；窜梁鸿于海曲，岂乏明时？'朕以为屈贾谊于长沙，必须圣主，窜梁鸿于海曲，正待明时。鸿之诡激，自弃于肃宗之朝；谊之狂疏，未足以佐文帝之治。安得以是为二君讥议哉？孔子尝言为君难，即此可见。

---

18 （清）徐锡龄、钱泳《熙朝新语》，卷9。
19 《养心殿造办处史料辑览》，第一辑，第5页，故宫出版社2003年8月。
20 《养心殿造办处史料辑览》，第一辑，第7页。

设有一夫私议，妄自记载，非惟庸主无由剖析，虽明哲之君，亦何从闻见而正其是非。其流传失实，受诬于后世者，不知凡几矣。孟子曰：尽信书则不如无书，诚以记载未可尽凭，而欲杜好议论者之口也。人情厌常喜新，稗官野乘，好事者流，无端撰成一说，娓娓动听，按之皆子虚乌有，此其荒唐诞幻，无足论者。若夫记言记事，国之大典，将以徵信后世，乌可或忽。今乃新承提命。而记录多舛，尚足当载笔缵言之任而无忝乎。"[21]

在这大段的上谕中，雍正帝主要阐述了三个内容，首先，汉文帝作为历史上的一代明君，乃"汉之贤主"，并非李商隐诗句中所描写的那般；第二，贾谊、梁鸿并未在佐治理方面有更多的才能，只不过是"诡激""狂疎"之人，不值得王勃为他们讥讽当世；第三，此类诗句流传的结果便是明君受非议甚至被后人误解。

雍正帝通过汉文帝被后人谬传而联想到自己也许会因为臣工记载失误而遭到后世误解，而随即有了"为君难"的感触，并引用孔子关于为君之难的阐释，进一步强调自己作为人君的艰难。虽然雍正帝是站在帝王的立场上，为帝王发声，但他的言论并非无道理。汉文帝在汉代历史上乃至中国古代史上都不愧为有为之主，"孝文皇帝国为代王，诸吕作乱，海内摇动，然群臣黎庶靡不一意，北面而归心，犹谦辞固让而后即位，削乱秦之迹，兴三代之风，是以百姓晏然，咸获嘉福，德莫盛焉。"[22]

雍正帝之所以时时强调为君难，与他所处的客观环境是紧密相关的。首先从即位来看，雍正帝历经重重困难最终即位，他即位是否合法至今仍是未解之谜。当时以及后世，朝野上下对此众说纷纭，这对于他来说是个非常的压力；其次，他即位之后，允禩集团并不甘心，他们在雍正即位之初便一直给这位新君制造麻烦，挑战新君的权威，雍正帝将他们逐一清除。雍正三年（1725），随着允禟、允禩的相继离世，这个反对党彻底垮台，雍正帝一大难题得以解决。雍正四年（1726）正月，正是在养心殿的西暖阁，

---

21 《清世宗实录》卷87，雍正七年十月乙丑条。
22 《汉书》卷73，韦贤传第43，第3120页。

雍正帝发布了治罪允禩的谕旨：

"今日，凡我宗亲及满汉大臣齐集于此，廉亲王允禩狂悖已极，朕若再为隐忍，有实不可以仰对圣祖仁皇帝在天之灵者。朕在藩邸时，居心行事，公正无偏，诸兄弟待朕亦皆恭顺，不敢存欺慢之念，平日原无一毫嫌，此尔等所共知，亦允禩所深悉者。朕今日绍登大位，以天下一家，万物一体为心，岂于兄弟之间反生茶蒂，有所刻求苛索耶？当时允禩希冀非望欲沽忠孝之名，欺人耳目，而其奸险不法事事伤圣祖仁皇帝慈怀，以致忿怒郁结、无时舒畅。康熙四十七年冬，圣祖仁皇帝圣体违和，令朕同允祉、允禩检点医药，凡立方合剂。朕与允祉每日悉心商酌，允禩惟同允禟、允䄉促坐密语，医药之事曾不一问，不过以药筐收拾方帖而已。天佑圣躬，旋即痊愈，朕心喜慰，向允禩云：'皇父圣体大安矣。'允禩云：'目前圣体虽愈，将来之事奈何？'朕闻之不胜骇愕。"

"又是年二阿哥有事时，圣祖仁皇帝命朕同允禩在京办理事务，凡有启奏皆蒙御批。事竣之后，朕将所有御批奏折交与允禩收贮。后向允禩问及，允禩云：'前在遥亭时，皇考怒我，恐有不测，比时寄信回家，将一应笔札烧毁，此御批奏折藏在佛柜内，一并焚之矣。'此允禩亲向朕言者。"

"康熙六十一年，圣祖仁皇帝龙驭升遐，命朕缵承大统。朕念允禩素有才干，谅伊此时自应仰体皇考之心，痛改前非，为国家实心出力，故令其同怡亲王及隆科多、马齐四人总理事务，次日即加封亲王。朕事事推心置腹，信任之专，恩谊之厚，此举朝所共知者。乃于封伊亲王之日，伊之妻党往贺，伊妻云：'有何喜可贺，恐不能保此首领耳。'其言怪诞若此，则平日之居心可知矣。"

"允禩总以未遂大志，时怀怨恨，诡诈百出，欲以摇惑众心，扰乱国政。其管理工部也，皇考梓宫奉移山陵，允禩明知旧例用夫二万，乃故以裁减奏请，若非大学士奏明几误大事……其管理理藩院也，以科尔沁台吉为糜费口粮，于边口拦阻，令不得拜谒皇考梓宫，致蒙古等涕泣而归，怨声载道……其管理上驷院也，奏称马圈牧马太多，请行裁减大半以省钱粮，其意欲以彰皇考糜费无益之名归之于朕，且欲使马匹不足，将来设有缓急，无所取资也。至于妄费财物，固结私人……肆行欺罔及傲慢不敬之处，更不可悉数。"

"又雍正元年朕命莽鹄立恭写圣祖仁皇帝御容，朕于养心殿瞻拜时悲痛号泣。允禩奏云：'从来帝王有供奉御容之礼否？今供奉圣祖仁皇帝御容，则太祖太宗世祖如何供奉？'朕沐皇考四十余年养育深恩，时时瞻仰天颜，今遭大故，悲思罔极，是以供奉御容，冀得时时瞻拜，而允禩以朕为非礼，云伊从前亦供奉母妃容像，自圣祖仁皇帝宾天之后即行收卷。此言更不知其何心也。允禩从前遭伊母妃之丧，欲沽孝名，故作哀毁之状。百日后，尚用人扶掖而行。及遭皇考大事，全无悲戚之意。以父母之丧而前后迥异如此，其意将谁欺乎？"

"三年以来，朕百凡容忍宽免，谆谆训诫，犹冀其悛改前愆。宗人府及诸大臣交劾议罪之章，什伯累积，朕俱一一宽贷，乃允禩诡谲阴邪日益加甚。……"

"从前皇考曾谕诸王等允禩奸险诡诈，结党设谋，欲弑皇太子，今事俱败露，见在交审，是时允禟允䄉在侧，独挺身保奏允禩并无此意，因致皇考震怒，拔刀欲诛允䄉，恒亲王等劝止，将允䄉责惩，并允禟逐出。又皇考曾于乾清门谕诸王大臣曰：'自朕废皇太子后，允禩百计邀取美名，蛊惑众人，希图册立，私结党援，其意叵测。'……此三人者，亦断不可留于宗姓之内。著将允禟、苏努、吴尔占革去黄带子，并令宗人府将允禩、允禟、苏努、吴尔占名字除去。"[23]

23 《清世宗实录》卷40，雍正四年正月戊戌条。

无逸斯元亨

养心殿正殿"中正仁和"匾的下方陈设有黄花梨木屏风，屏风上刻有乾隆帝《新正养心殿》一诗："西师归振旅，东陆舒由庚。执徐奉执规，持躬凛持盈。三白兆宿岁，万几简新正。闲中足养心，而予有所怦。怀安岂良图？无逸斯元亨。自强励不息，善长时偕行"。[24] 这首诗写于乾隆二十五年（1760）新正，平定准噶尔之役刚刚结束的第二年。乾隆帝先后有两次平准，是"十全武功"中的二次战役。第一次平准于乾隆十八年（1753）十月开始部署，于乾隆二十年（1755）六月以胜利结束。但是几个月之后烽烟又起，之后有了第二次平准之役。第二次平准时间长，历经重重困难，乾隆二十二年（1757）六月，叛军首领阿睦尔撒纳逃入俄国境内，八月，阿睦尔撒纳患天花而死。清军继续剿灭叛军残部，直至乾隆二十四年（1759）宣告结束。[25]

诗中的"西师"便是指平准之役，在这首诗中，乾隆帝借用《尚书》"无逸"中的思想，来阐释作为帝王，不能贪图安逸，应时刻自警，以求得长治久安，所谓"寅畏天命，自度治民，祗惧，不敢荒宁"[26]。乾隆帝一方面表达了平准胜利归来的喜悦之情，同时他不忘提醒自己不可贪图安逸，应当时刻自强不息。不仅创作了这首诗，而且他下令将这首诗刻在养心殿正殿的屏风上，其用意在于时刻以"无逸"之思想提醒自己。

前明的历史也是乾隆帝常常引以为戒的。乾隆四十七年（1782）四月，乾隆帝发布了一条上谕："昨于养心殿存贮各书内检有明朝宫史一书，其中分段叙述宫殿楼台及四时服食宴乐，并内监职掌，宫闱琐屑之事，……特是有明一代，秕政多端，总因阉寺擅权，交通执政，如王振、刘瑾、魏忠贤之流，俱以司礼监秉笔生杀予夺，任所欲为。遂致阿柄下移，乾纲不振。每阅明代宦官流毒事迹，殊堪痛恨。……俾若辈得以妄窃国柄，奔走天下，卒致流寇四起，社稷为墟，伊谁之咎乎？著将此书交总裁等，照依原本钞

---

24 《清高宗御制诗》三集，卷一。
25 参见周远廉《乾隆皇帝大传》第七章，第 450 页，河南人民出版社 1990 年 4 月。
26 《尚书·无逸》。

入四库全书，以见前明之败亡实由于宫监之肆横。则其书不足录，而考镜得失未始不可藉此以为千百世殷鉴。并将此旨录冠简端。"[27]

对于明朝历史的借鉴从清初就倍受重视，历任清帝都无时无刻不在强调。清初多尔衮刚刚入关，便以借鉴明朝亡于贪官而晓谕内外，"明国之所以倾覆者，皆由内外部院官吏贿赂公行，功过不明，是非不辨。……今内外官吏如尽洗从前贪婪肺肠，殚忠效力……如或仍前不悛，行贿营私，国法具在，必不轻处，定行枭示。"[28]之后康熙帝、雍正帝都将惩贪作为一项重要的政治举措来实施。在乾隆朝，惩贪的举措一直都未停止。

乾隆四十五年（1780）十二月，乾隆帝发布了一条上谕，上谕中提到的主要人物是王亶望："浙江海宁改建石塘以王亶望曾为巡抚，且肯担当其事，因命在工督办。但伊在服中，不令与地方之务，此朕用人不得已之苦心，屡经降旨，中外共知。近因王亶望与李质颖有意见不合之处，兹李质颖来京召对之时，奏及改建石塘后，柴塘、土塘仍须岁修，以资保护等语。朕从前亲阅塘工老盐仓一带，难以下桩，素所深悉，……乃李质颖今有是奏，此事关系重大，朕亦不能悬断。著大学士阿桂同李质颖驰驿前往，会同富勒浑将李质颖、王亶望所见不同之处秉公确勘，据实覆奏。至王亶望实丁忧之人，朕因一时不得其人，是以令其驰驿回籍治丧事毕即至浙办理塘工原为公务起见，其家属自应即回本籍守制，以尽私情。乃据李质颖奏伊家属仍住杭州，安然聚处，朕闻之为之心动。王亶望并非无力令眷属回籍之人，似此忘亲越礼，实于大节有亏。为大臣者如此，何以表率属员，维持风教？从前伊父王师品行甚正，无负读书，不应有此等忘亲越礼之子。养心殿暖阁恭悬皇祖圣训'有孝为百行之首，不孝之人断不可用'，朕每日敬仰天语煌煌，实为万世准则。王亶望著革职，仍留塘工自备资斧，效力赎罪。若再不知自咎心怀怨望，不肯实心自效，图赎前愆，朕必重治其罪矣。"[29]

在这条上谕中，乾隆帝惩罚王亶望的原因是他丁忧期间没有令家眷回

27 《清高宗实录》卷1155，乾隆四十七年四月癸未条。
28 《清世祖实录》卷5，顺治元年六月丙子条。
29 《清高宗实录》卷1121，乾隆四十五年十二月丁卯条。

籍，忘亲越礼。通过上谕的内容，我们可知至少在乾隆四十五年的时候，养心殿东暖阁中仍然悬挂着康熙帝的圣训。乾隆帝引用了这条圣训中关于"孝"的内容对王亶望进行了首次惩戒。

一年以后，也就是乾隆四十六年（1781）三月，王亶望冒赈案败露。

王亶望，山西临汾人，江苏巡抚王师之子，自举人捐纳知县，知甘肃山丹、皋兰诸县。之后为宁夏知府，后迁至浙江布政使。乾隆三十九年（1774）任甘肃布政使。四十六年，大学士阿桂、陕甘总督李侍尧查清王亶望等令监粮改输银及虚销赈粟等情况，乾隆帝遣侍郎杨魁如、浙江会巡抚陈辉祖召亶望严鞠，籍没其家，得金银逾百万。最终，王亶望被斩，儿子被发往伊犁。[30]

王亶望的冒赈案是清代历史上重要的一起贪污案件，案情本身并不复杂，就是甘肃藩司王亶望、兰州知府蒋全迪与甘肃各府州县官员收取监生上缴的折色银两，然后每年用赈灾的名义冒销，将这些银两装入私囊。周远廉先生总结了此贪污案的五大特点，即：案情严重，情节恶劣，银两巨额，是顺治朝以来罕见的第一大案；全省大小官员通同作弊；贪婪有术；官官相护，敷衍塞责；处决涉案官员数目空前，前后陆续正法者达56名贪官，免死发遣者46人。[31]

乾隆帝在反贪工作中重惩涉贪官员，无论品级高低、与否亲信，一律严惩，毫不手软，对澄清吏治有十分重要的作用。

以皇考之政为政

从雍正朝开始，每逢元旦，皇帝在养心殿东暖阁举行开笔仪式，称为"明窗开笔"。清代皇帝于除夕停止批办公文，称为封笔，始于康熙年间。封笔之后至元旦开笔之前，皇帝不再执笔书写，其时如有重要军情或政事，必须由皇帝亲自处理者，则口授近臣，缮旨颁发，仅不动笔朱批而已。元

30 《清史稿》卷 339，列传 126，《王亶望》。
31 周远廉：《乾隆皇帝大传》，212－218 页。

旦开笔即皇帝于元旦开笔批办公文及书写诗文等的典礼，其制为：每年元旦子刻，皇帝至养心殿明窗西，是时室内桌案上陈设金瓯、玉烛，朱漆浮雕的云龙盘上放着古铜吉祥炉和古铜香炉。金瓯里面注满屠苏酒，皇帝亲手点燃蜡烛，手握刻有"万年青"字样的毛笔，在吉祥炉和香炉上熏染片刻后开始濡墨挥写。先后用朱笔、墨笔书写"福"字和吉语，以祈求四海安宁。之后，大臣将本年的时宪书进呈，皇帝认真浏览一遍，以寓授时省岁之意。仪式所用物品由皇帝亲自料理并令专人收藏。雍正朝以后，历朝皇帝均沿袭此典，遂成清代定制。

邹爱莲先生对清帝明窗开笔有很深入的研究，[32] 她认为：雍正朝直至乾隆中期，元旦开笔的吉语中都能够体现每年国家发生的重大事件，并包含着他们对新的一年的祈盼与美好的愿望。但是，乾隆中期以后，平准、平回的战争结束，乾隆帝骄傲自满的心理逐渐出现。从这之后，元旦开笔吉语中没有出现任何新的目标和祈盼，只是笼统的一些吉祥话，产生了一成不变的24个字："宜入新年，万事如意，三羊开泰，万象更新，和气致祥，丰年为瑞"。这反映了乾隆帝由于自满而导致的开始僵化、倦政，同时社会积弊开始积累。而到了嘉庆朝，这种状况没有任何改变，嘉庆帝的开笔吉字都是原原本本地从乾隆帝那里抄下来的，没有任何变化。这也从另一个角度反映了嘉庆帝的因循守成思想。

众所周知，嘉庆朝的政治基本完全延续乾隆朝的各项政策。嘉庆四年（1799），刚刚亲政的嘉庆帝因为法式善奏折中有"亲政维新"之语，公开提出批评："本年春闲，国子监祭酒法式善条奏事件，摺首即有亲政维新之语。试思朕以皇考之心为心，以皇考之政为政，率循旧章，恒恐不及，有何维新之处？"[33] "以皇考之心为心，以皇考之政为政"是嘉庆帝为政的重要准则，贯穿整个嘉庆朝。甚至到了嘉庆末年，在处理湖北省缉捕私盐一事上，仍沿用乾隆朝所用办法。[34]

---

32 邹爱莲：《从"元旦开笔"看清帝治世思想的变化》，《中国文化报》，2013年5月27日。
33 《清仁宗实录》卷56，嘉庆四年十二月甲申。
34 《清仁宗实录》卷341，嘉庆二十三年四月壬申。

嘉庆十一年（1806）四月，嘉庆帝作《毓庆宫》一诗："图治凛守成，心感考恩厚。昕夕实不遑，大业身敬受。遵训继谟猷，为政务持久。正已建皇中，承先复启后。庶官勉忠诚，弼予茬九有。艰哉慎满盈，仔肩殚荷负。"[35]嘉庆帝对此诗作了注解，阐发其为政之难："人皆知创业之难，却忽略守成之难，守成之君一刻不可忘先朝典谟，惟日以前人之心为心，前人之政为政，孜孜矗矗。"嘉庆帝在这里的"以前人之心为心，前人之政为政"充分概括了他的守成思想。嘉庆二十三年（1818）嘉庆帝作《继德堂》一诗："考恩心永戴，典则敬遵循。治未臻三代，年将届六旬。承基钦广大，继德勉敷申。修已日勤政，衷期风俗淳。"[36]嘉庆在诗注中说道："予仰荷皇考厚恩，寅承大统，于今二十有三年，开岁已届六旬，夙夜勤求，时怀继序。敬念皇考六十余年深仁厚德，浃洽寰区。凛绍承之非易，恐上理之未臻，惟有恪遵典则，永固丕基，毋敢怠遑，自强不息，以期风俗淳美，用副眷贻之重云。""恪遵典则，永固丕基"表达了他永遵前朝旧制的为政特点。

嘉庆帝是清代历史上的一位守成之君，他的一生都在效仿乾隆帝，而对于将毓庆宫特殊化、变成他日常临幸之所这一点，他也有效仿乾隆帝的因素。嘉庆帝即位之后，按道理应当住进养心殿，而乾隆帝也按照他之前的打算住进专门为自己建造的皇极殿区域。但是，成为太上皇之后的乾隆帝仍旧住在养心殿，嘉庆帝也仍旧住在毓庆宫。嘉庆四年（1799）正月壬戌，太上皇帝去世，嘉庆帝以上书房为倚庐，席地寝苫，为太上皇帝守孝。[37]正月壬午，移居咸福宫苫次。[38]十一月，嘉庆帝正式移居养心殿。[39]

虽然住进了养心殿，嘉庆帝仍然对毓庆宫怀有深厚的感情，他创作了大量的诗文来记述他的毓庆宫的时光。他于嘉庆九年（1804）作《新正重华宫茶宴诸王大学士及内廷翰林等用毓庆宫联句复成二律》："赐筵回辇禁城西，茗沁三清故事稽。宴启重华敷旧泽，句联毓庆选新题。协时春旬深盈玉，染翰銮坡共聚奎。冀展浃辰滋品汇，韶光和霭绚晴霓。西清东壁

35 《清仁宗御制诗》第三册，第208页。
36 《清仁宗御制诗》第七册，第116页。
37 《清仁宗实录》卷37，嘉庆四年正月壬戌。
38 《清仁宗实录》卷38，嘉庆四年正月壬午。
39 《清仁宗实录》卷53，嘉庆四年十月庚子。

相辉映，总是天家都福庭。永慕考恩启后嗣，恪遵慈训慎前星。论存金鉴藏琼笈，春转瑶枢丽彩屏。棣萼联吟欣燕喜，共承高厚寸心铭。"[40]此御制诗记录了嘉庆帝在重华宫茶宴上命诸王大臣以毓庆宫联句，他在诗注中明确表示了"今之毓庆即昔之重华，钦作则而鬘继绳，将万祀不忘家法也"。

嘉庆帝的守成思想导致了整个嘉庆朝并未出现明显的变革，也没有改变乾隆中后期整个王朝衰退、积弊重重的状况。

嘉庆十八年（1813）九月，天理教徒在京畿地区发动起义。十五日，七十余名起义教徒冲入了紫禁城，多数教徒被侍卫擒杀，只剩下四人冲入了内宫，有三人欲从隆宗门外的墙上爬到养心门。正在上书房读书的旻宁亲执鸟枪，连毙二人，贝勒绵志续击一人，起义教徒始行退下，大内平定。[41]此次事件又称"癸酉之变"。这次事变对嘉庆帝打击很大，他无论如何也想不到起义教徒会威胁到内庭，甚至欲进入养心门。之后，他在总结这次事变的时候，也意识到了这次事变并非偶然，是长期以来政务废弛、因循怠玩的结果，他深刻分析了原因，"大吏待属员，明以奔竞为才能，暗以苞苴定高下，遇一公务，彼此推诿，各顾处分，上下回护，所办无实政，所议皆游辞，良知泯而利心深，恋人爵而轻天爵，小事吹毛以求疵，大事养痈而遗患，丛脞疲玩，怠情因循，吏治之坏，至今极矣！……日前击贼，皆用瓦砾，言之可羞，此皆管兵大臣之咎，亦朕误用之过也。"[42]

癸酉之变引发了嘉庆帝对政务、吏治等方面的一次深刻的反思，他也找到了症结之所在，但是想做到彻底的改变现有的状况、建立一个新的局面，谈何容易。

垂帘听政

咸丰十一年（1861），咸丰帝在避暑山庄病逝，6岁的载淳即位，为同治帝。慈禧太后联合恭亲王奕䜣除掉了辅政大臣，掌握了最高权利，从

---

40 《清仁宗御制诗》第二册，第381页。
41 《清仁宗实录》卷274，嘉庆十八年九月庚辰。
42 《清仁宗御制文集》第二集，第三卷。

此清朝进入了太后垂帘听政的时代。咸丰十一年十月，谕内阁："朕奉母后皇太后、圣母皇太后懿旨，十一月初一日垂帘听政，王公大学士六部九卿应诣养心殿行礼。"[43] 拟定了在养心殿内具体的垂帘听政的章程，"召见内外臣工，拟请两宫皇太后、皇上同御养心殿，皇太后前垂帘，于议政王御前大臣内轮派一人，将召见人员带领进见；京外官员引见，拟请两宫皇太后皇上同御养心殿明殿，议政王、御前大臣、带领御前乾清门侍卫等，照例排班站立，皇太后前垂帘，设案，进各员名单一分，并将应拟谕旨分别注明。皇上前设案，带领之堂官照例进绿头签，议政王、御前大臣、捧进案上，引见如常仪。其如何简用，皇太后于名单内钦定，钤用御印，交议政王等军机大臣传旨发下，该堂官照例述旨。"[44]

于是，养心殿东暖阁中有了垂帘听政的陈设，而且这种陈设一直保存至今。曾国藩曾在他的日记中详细记载了同治帝时期垂帘听政的场景。当时是同治七年（1868），曾国藩镇压了太平天国运动，由两江总督调任直隶总督。慈禧太后给予了他极高规格的接见，赏紫禁城骑马，并连续三天在养心殿召见，养心殿的召见过程被详细记了下来：巳正叫起，奕公山（内大臣奕山）领余入养心殿之东间，皇上向西坐，皇太后在后黄幔之内，慈安太后在南，慈禧太后在。余入门，跪奏称臣曾某恭请圣安，旋免冠叩头，奏称臣曾某叩谢天恩。毕，起行数步，跪于垫上。

太后问：汝在江南事都办完了？

对：办完了。

问：勇都撤完了？

对：都撤完了。

问：遣散几多勇？

对：撤的二万人，留的尚三万。

问：何处人多？

43 《清穆宗实录》卷8，咸丰十一年十月甲申条。
44 《清穆宗实录》卷8，咸丰十一年十月辛巳条。

对：安徽人多，湖南人也有些，不过数千，安徽人极多。

问：撤的安静？

对：安静。

问：汝一路可安静？

对：路上很安静。先恐有游勇滋事，却倒平安无事。

问：汝出京多少年？

对：臣出京十七年了。

问：汝带兵多少年？

对：臣从前总是带兵，这两年蒙皇上恩典，在江南做官。

问：汝从前在礼部？

对：臣从前在礼部当差。

问：在部几年？

对：四年，道光二十九到礼部侍郎，咸丰二年出京。

问：曾国荃是汝胞弟？

对：是臣胞弟。

问：汝兄弟几个？

对：臣兄弟五个，有两个在军营死的，曾蒙皇上非常天恩。

问：汝从前在京，直隶的事自然知道？

对：直隶的事，臣也晓得些。

问：直隶甚是空虚，汝须好好练兵。

对：臣的才力怕办不好。

旋叩头退出。[45]

同治十三年（1874）十二月初五，19岁的同治帝在养心殿东暖阁随安室离世，两宫皇太后召集恭亲王奕訢、醇亲王奕譞、御前大臣奕劻、军机大臣宝鋆等至养心殿西暖阁，宣布醇亲王奕譞之子载湉入承大统，为嗣

45 《曾国藩全集》日记，同治七年十二月十四日。

皇帝。[46]载湉即位时只有 4 岁，两宫皇太后仍旧垂帘听政。

光绪初年，慈禧太后给载湉安排学习事务：选择翁同龢、夏同善为师傅，读书的地点定在毓庆宫，并命醇亲王负责："著钦天监于明年四月内选择吉期，皇帝在毓庆宫入学读书。著派侍郎内阁学士翁同龢、侍郎夏同善授皇帝读，……皇帝读书课程及毓庆宫一切事宜著醇亲王妥为照料，至国语清文系我朝根本，皇帝应行肄习，蒙古语言文字及骑射等事，亦应兼肄，著派御前大臣随时教习，并著醇亲王一体照料"。[47]

按照太后懿旨，光绪帝于第二年四月正式入学，"上诣至先师前行礼，诣毓庆宫殿升座受师傅、谙达、御前大臣、内务府大臣礼，上揖师傅入座读书。自是日始，每日御殿读书，岁以为常"。[48]光绪帝也是一位勤勉好学之君，他将来能够接受变法思想、启用维新派进行变革图强，这一切都是与他的刻苦读书密不可分的。

虽然光绪皇帝在光绪十三年（1887）就举行了亲政典礼，但是实际上清朝的大权依然由慈禧太后掌握。

光绪二十年（1894）六月，甲午战争爆发，战争的结局深深地刺痛了光绪帝，他决心寻找图强之路。光绪帝于光绪二十一年（1895）闰五月发布上谕："自来求治之道，必当因时制宜，况当国事艰难，尤应上下一心，图自强而弭隐患。朕宵旰忧勤，惩前毖后，惟以蠲除固习，力行实政为先。叠据中外臣工条陈时务，详加披览，采择施行，如修铁路、铸钞币、造机器、开矿产、折南漕、减兵额、创邮政、练陆军、整海军、立学堂，大抵以筹饷练兵为急务，以恤商惠工为本源，皆应及时举办。至整顿厘金、严核关税、稽查荒田、汰除冗员各节，但能破除情面，实力讲求，必于国计民生两有裨益。著各直省将军督抚，将以上诸条，各就本省情形，与藩臬两司暨各地方官悉心筹画，酌度办法，限文到一月内，分析覆奏。当此创锯痛深之日，正我君臣卧薪尝胆之时。各将军督抚受恩深重，具有天良，谅不至畏难苟安，

46 《清穆宗实录》卷 374，同治十三年十二月甲戌条。
47 《清德宗实录》卷 23，光绪元年十二月乙亥条。
48 《清德宗实录》卷 30，光绪二年四月壬午条。

空言塞责。原折片均著抄给阅看，将此由四百里各谕令知之。"[49]在光绪帝的图强之路中，维新变法应时代的要求而产生。

光绪二十四年（1898）四月二十三日，光绪帝向群臣颁布了《明定国是诏》，正式宣布变法维新。诏曰：

"数年以来，中外臣工讲求实务，多主变法自强。迩者诏书如下，如开特科，裁冗兵，改武科制度，立大小学堂，皆经再三审定，筹之至熟，甫议施行。惟是风气尚未大开，论说莫衷一是，或托于老成忧国，以为旧章必应墨守，新法必当摈除，众喙哓哓，空言无补，试问今日时局如此，国势如此，若仍以不练之兵，有限之饷，士无实学，工无良师，强弱相形，贫富悬绝，岂真能制梃以挞坚甲利兵乎？

朕惟国是不定，则号令不行，极其流弊，必至门户纷争，互相水火，徒蹈宋明积习，于实政毫无裨益，即以中国大经大法而论，五帝三王，不相沿习，譬之冬裘夏葛，势不两存，用特明白宣示，嗣后中外大小诸臣，自王公以及士庶，各宜努力向上，发愤为雄，以圣贤义理之学，植其根本，又须博采西学之切于时务者，实力讲求，以救空疏迂谬之弊。专心致志，精益求精，毋徒袭其皮毛，毋竟腾其口说，总期化无用为有用，以成通经济变之才。

京师大学堂为各行省之倡，尤应首先举办，著军机大臣，总理各国事务大臣，会同妥速议奏，所有翰林院编检，各部院司员，大门侍卫，候补候选道、府、州、县以下官，大员子弟，八旗世职，各省武职后裔，其愿入学堂者，均准入学肄业，以期人才辈出，共济时艰，不得敷衍因循，徇私援引，至负朝廷谆谆告诫之至意。特此通谕知之。"[50]

光绪帝开始了维新变法，而养心殿正是光绪帝召见臣工、筹划变法的地方。而此时，表面上归政的慈禧太后依然掌握着大权，她在颐和园燕居，但时刻注视了紫禁城中的动向。八月初四日，慈禧太后突然回到紫禁城，

49 《清德宗实录》，卷369，光绪二十一年闰五月丙寅条。
50 《清德宗实录》卷418，光绪二十四年四月乙巳条。

光绪帝也意识到了慈禧太后的突然回宫意味着什么。慈禧太后怒斥光绪帝:"我抚养汝二十余年,乃听小人之言谋我乎?"光绪帝战栗不发一语,良久才嗫嚅:"我无此意。"太后斥之:"痴儿,今日无我,明日安有汝乎?"最终,慈禧太后传懿旨以光绪帝生病为由临朝听政。[51]

从戊戌政变直至光绪帝去世,光绪帝仅仅来过几次养心殿。作为名义上中国的皇帝,他在召见外国使臣时会出现在养心殿。这时,他们所坐的位置已经不同于当年垂帘听政时的,"太后与上并坐,若二君焉。臣工奏对,上嘿不发言,有时太后肘上使言,不过一二语止矣。"光绪帝曾在太监屋里看到《三国演义》,"阅数行掷去,长叹曰:朕不如汉献帝也。"[52]

光绪三十四年(1908)十月二十一日,光绪皇帝在瀛台涵元殿去世,仅仅38岁。此日,慈禧太后也离世。在光绪皇帝病重之时,慈禧太后便令醇亲王载沣之子溥仪接替皇帝之位。养心殿换了主人。

清帝退位

1908年农历十一月九日,年仅三岁的溥仪举行了登基大典,成为了中国历史上最后一位皇帝—宣统皇帝。登基之后,溥仪在养心殿度过了三年的光阴。溥仪、隆裕太后和摄政王载沣成为养心殿的主人,不过,真正主持朝政的是载沣。养心殿明间御座的东侧安放有摄政王的座位,王公大臣进入养心殿后,象征性的向御座行跪安礼,然后起身入东暖阁,向摄政王载沣奏对。在东暖阁里,载沣命人安放了矮一些的杌凳,有时候会让三品以上的官员坐着说话。[53]

1911年10月10日,武昌起义爆发,清朝岌岌可危。在养心殿的东暖阁,发生了袁世凯向隆裕太后逼宫的一幕。1912年1月16日,袁世凯在养心殿以内阁的名义上奏,劝太后顺应民心:

"自武昌乱起,旬月之间,民军响应,几遍全国,惟直隶、河南、未

---

51 恽毓鼎《崇陵传信录》,第56页,近代笔记史料丛刊,中华书局2007。
52 恽毓鼎《崇陵传信录》,第57页。
53 《大清宣统政纪》,光绪三十四年十一月壬寅。

经离叛，然人心动摇，异于恒昔。臣世凯奉命督师，蒙资政院投票选举，得以多数同意，设立内阁，组织虽未完善，两月以来，将士用命，业已克服汉口、汉阳，收回山东、山西。然而战地范围，过为广阔，几于饷无可筹，兵不敷遣，度支艰难，计无所出，筹款之法罗掘俱穷，大局岌岌，危逼已极，朝廷念国步之艰虞，慨民生之涂炭，是以停战媾和，特简唐绍仪、杨士琦前往沪上，为民请命，此万不得已之苦衷，亦从未有之创举也。履接该大臣来电称：'民军之意，万众之心，坚持共和，别无可议'等语。现期已满，展限七日，能否就范，尚难逆料。惟论目前形势，北方一隅，虽能少保治安，而海军尽叛，一旦所议不合，舰队进攻，天险已无，何能悉以六镇诸军，防御京津，而弃各战地于不顾，危逼万分，等于呼吸，宗社所寄，民命所关，早夜以思，良用疚惧。若激励将士，勉强一战，财赋省份，全数沦陷，行政经费，若入捕风，搜讨军费，饷源何出？惟鲁惟豫，满目疮痍，地方素瘠，就地筹款，为势所难，常此迁延，必有内溃之一日。倘大局至此，虽效周室之播迁，已无相容之地。辽东已为强邻所虎视，库伦早有背顺之萌芽，悉索散赋，力于一战，未尝不能收复一二行省。然而彼众若狂，醉心民主，兵力所能平定者土地，不能平定者人心。人心涣散，如决江河，莫之能御，爵禄已不足以怀，刀兵莫知所谓，似此亿万之所趋，岂一二党人所能煽惑，臣等受命于危急之秋，诚不料国事败坏一至于此也。环球各国，不外君主民主两端，民主如尧舜禅让，乃察民心之所归，迥非历代亡国可比。我朝继继承承尊重帝系，然师法孔孟，以为百王之则，是民重君轻，圣贤业已垂法守。且民军亦不欲以改民主，灭皇室之尊荣。况东西友邦，因此次战祸，贸易之损失，已非浅鲜，而尚从事调停者，已我只政治之改革而已。若其久事争持，则难免不无干涉，而民军亦必因此对于朝廷感情亦恶。读法兰西革命之史，如能早顺舆情，何至路易之孙靡有孑遗也。民军所争者政体，而非君位，所欲者共和，而非宗社。我皇太后、皇上何忍九庙之震惊，何忍乘舆之出狩，必能俯鉴大势，以顺民心。"[54]

这个场景也被溥仪记载下来："有一天在养心殿的东暖阁里，隆裕太后坐在靠南窗的炕上，用手绢擦泪，面前地上的红毡子上跪着一个粗胖的老头子，满脸泪痕。我坐在太后的右边，非常纳闷，不明白两个大人为什么哭。这时殿里除了我们三个，别无他人，安静得很，胖老头很响的一边抽缩着鼻子一边说话，说什么我全不懂。后来我才知道，这个胖老头就是袁世凯。这时我看见袁世凯的唯一的一次，也是袁世凯最后一次见太后。"[55]

袁世凯逼宫事件之后，清朝宗室内部也有坚决反对退伍的强硬派，也有倒向袁世凯一方的妥协派。最终，强硬派的首领良弼被革命党炸伤后去世，宗室内部一时再无人敢反对退位了。[56]

1912年2月12日，隆裕太后在养心殿内最后一次召见大臣，以宣统皇帝的名义颁发了退位诏书：

"前因民军起事，各省响应，九夏鼎沸，生灵涂炭，特命袁世凯遣员与民军代表讨论大局，议开国会，公决政体。两月以来，尚无确当办法，南北暌隔，彼此相持，商辍于途，士露于野，徒以国体一日不决，故民生一日不安。今全国人民心理，多倾向共和，南中各省既倡议于前，北方诸将亦主张于后，人心所向，天命可知，予亦何忍因一姓之尊荣，拂兆民之好恶？是用外观大势，内审舆情，特率皇帝，将统治权公诸全国，定为立宪共和国体，近慰海内厌乱望治之心，远协古圣天下为公之义。袁世凯前经资政院选为总理大臣，当兹新陈代谢之际，宜有南北统一之方，即由袁世凯以全权组织临时共和政府，与民军协商统一办法，总期人民安堵，海宇乂安，仍合满、汉、蒙、回、藏五族完全领土，为一大中华民国，予与皇帝得以退处宽闲，悠游岁月，长受国民之优礼，亲见郅治之告成，岂不懿欤？钦此。"[57]

就这样，清王朝以及整个中国封建王朝在养心殿落下了帷幕。

---

54 张国淦：《辛亥革命史料》，第299－300页，龙门联合书局。
55 溥仪：《我的前半生》，第40页，东方出版社1999年。
56 张国淦：《辛亥革命史料》，第307页。
57 《大清宣统政纪》卷70，宣统三年十二月戊午条。

结语

从雍正帝即位移居养心殿开始，养心殿成为了清代的政务中心。清代重大的政治事件几乎都在这里发出政令，如雍正帝的筹划改革，乾隆帝的惩贪、用兵出师，嘉庆帝的新政、平苗、平天理教等等。在养心殿里，清王朝经历了最顶峰的盛世，也经历了由盛转衰的局面，直至国力衰弱无法抵御外来入侵，国内民生涂炭，武昌起义爆发，最终宣布退位。不仅这里是清朝终结的地方，也是中国几千年帝制终结的地方。

清帝逊位之后，国民政府给予清皇室优待条件，他们可以继续住在紫禁城内。溥仪仍然住在养心殿，大婚之后也如此。直至1924年11月5日，鹿钟麟迫使溥仪和其他皇室成员永远离开了紫禁城。

乾隆巡行山东述略

引言

　　古代社会中，君王常常通过巡游达到巩固统治国家的目的。先秦时期，孟子认为巡游是帝王实现仁政的重要方式，对于视察疆土、管理诸侯和造福百姓都有积极作用，是为："天子适诸侯曰巡狩，巡狩者巡所守也；诸侯朝于天子曰述职，述职者述所职也。无非事者。春省耕而补不足，秋省敛而助不给。夏谚曰：'吾王不游，吾何以休？吾王不豫，吾何以助？一游一豫，为诸侯度。'"秦始皇统一全国后第二年起，先后六次巡游全国。延续时间之长，游历地域之广为当时历代帝王之首。其主要目的是巩固秦朝统治，镇压六国旧部以及安抚人民，同时也对秦朝的交通、商业、经济都起到了积极地促进作用。

　　后世历朝历代君王都或多或少进行此类活动，至清朝康熙皇帝，为了进一步加强中央集权统治，开启了统治者巡游的新篇章。康熙巡游之地，除了定期赴热河避暑、木兰秋闱、拜谒陵寝等，还包括三次东巡盛京祭祖、五次西巡五台山、六次巡行山东、六次南巡苏杭等地。很显然，康熙通过巡行不同的地方，以达到用不同的方式巩固统治的目的。清朝皇帝的巡游在乾隆朝到达高峰，据统计乾隆巡游共计 70 余次。如果算上北京周边的短途出行，以及赴清东、西陵拜祭先祖，巡游次数可高达 150 余次。乾隆巡游有两个特点：其一，时间跨度大，自其御极开始，至其去世前一年，时间跨度为历代帝王之最，出巡时间约占其执政时间的六分之一。根据《清高宗起居注》（后均简称《起居注》）记载，乾隆六十三年（嘉庆三年，1798）五月十一日，乾隆仍与嘉庆共同巡行承德避暑山庄，乾隆时年 88 岁高龄。其二，乾隆巡行游历的地域广，以现在的行政区划为标准，北至吉林省，南抵浙江省，东起山东省，西至陕西省。南北跨度不少于 2200 公里，东西跨度不少于 1600 公里。

　　在乾隆众多的巡游之旅中，除了定期赴热河、木兰围场、拜谒先祖陵寝外，最为人所熟知的就是从乾隆十六年开始的六次南巡了。而乾隆东巡山东作为其巡行的另一个重要活动，无论从巡游的起末时间、抵达次数、政治影响等方面均超过南巡，学界却对此重视和研究尚少。故此，本文将对乾隆巡行山东进行分析和探讨。

乾隆巡行山东特点和意义

山东因位于太行山以东而得名，历史悠久，先秦时期隶属齐国、鲁国，故别名齐鲁。山东也是我国古代文明的发祥地之一，距今7000—4000年之间，这里先后出现了北辛文化、大汶口文化和龙山文化，山东更是儒家文化的发源地。孔子，山东曲阜人，名丘，字仲尼，儒家学派创始人，是中国古代著名思想家、教育家。曲阜孔庙是祭祀孔子的祠庙，又称"阙里至圣庙"。孔庙始建于公元前478年，以孔子故居为庙，岁时奉祀。西汉以来历代帝王不断给孔子加封谥号，孔庙的规模也越来越大，成为全国最大的孔庙。泰山又名岱山、岱宗等，位于山东省中部，隶属于泰安市。泰山山势雄伟壮丽，气势磅礴，有"五岳之首"的美誉。泰山雄踞东方，高耸通天，历来被古代帝王视为离天际最近的地方，是神灵之府，其祥瑞之兆不言而喻。据《史记》记载，先秦时期已有72代帝王封禅泰山。封禅大典是历代帝王在泰山举行的无比隆重盛典，其核心思想是将君权与神权合一，使帝王达到至高无上的地位。

乾隆皇帝一生文治武功，自称"十全老人"。在位60年，实际执掌权力63年，期间政治稳定，经济和文化繁荣昌盛，开创了有清一代最为鼎盛的"康乾盛世"。如前文所述，乾隆巡行活动也为历代之最，巡行山东又为乾隆诸多出巡活动之最，独树一帜。

首先，次数最多。乾隆在位期间共巡行山东11次，远远超过其6次南巡苏杭、6次西巡五台山。分别为：乾隆十三年（1748）、乾隆十六年（1751）、乾隆二十一年（1756）、乾隆二十二年（1757）、乾隆二十七年（1762）、乾隆三十年（1765）、乾隆三十六年（1771）、乾隆四十一年（1776）、乾隆四十五年（1780）、乾隆四十九年（1784）、乾隆五十五年（1790）。其中，6次南巡去程或回程时，均取道前往山东，还有五次专程东巡山东。

其次，出巡山东起末时间跨度较大。乾隆第一次出巡山东为乾隆十三年，为专程前往，乾隆时年38岁。最后一次出巡山东为乾隆五十五年，乾隆时年80高龄，仍为专程赴山东，前后跨度达到40余年。

乾隆特别注重巡游山东之行，具有极其重要的政治意义。在此之前，乾隆巡游多为拜谒陵寝、木兰秋闱、热河避暑，是为恪守满族传统以及祭祖的活动。根据史料记载，乾隆巡行山东目的主要为祭孔和祀岱，《起居注》记载："（乾隆十三年二月）初四日戊午，上东巡，致阙里、禋祀岱宗，诣大高殿行礼毕，奉皇太后銮舆出京师。"《乾隆御制诗集》也有关于此次巡行山东的诗文，题名为《戊辰仲春东巡祭阙里秩岱宗初四日自京奉皇太后启程得诗八韵》。祭孔和祀岱历来是古代帝王维系统治的重要手段，乾隆皇帝对此也尤为看重。

祭孔是统治者宣扬尊孔崇儒的核心所在，对国家统治十分重要，历代君王皆祭孔崇儒。清顺治和康熙皇帝，均多次亲临阙里拜谒，并在祭祀礼仪上加以完善和规范。乾隆皇帝先后11次拜谒孔庙，提倡尊孔读经，大力宣扬儒家思想，对于巩固国家统治、稳定人心、维护封建社会秩序起到了重要作用。康乾盛世的出现，除了政治、经济和军事因素之外，加强思想文化控制也起到了重要推动作用。乾隆推行自上而下尊孔崇儒重道，大量刊印儒家典籍，推行以仁政为主导的治国方略。将儒家伦理用于君臣、君民之间，甚至用以处理复杂的民族关系，并且取得了良好的效果。《阙里文献考》记载乾隆皇帝拜谒孔庙的情形，"若夫特下德音，专修谒奠，礼明且备，至再至三，则亘古以来，惟我皇上一人而已。书之于册，使知由孔子而来两千三百余年，而获睹尊崇之极轨者，则自我皇上始。"由此可以看出，儒生对乾隆皇帝推崇之至。乾隆在阙里祭孔时，曾下谕："人者仁也，行而宜之之谓义。人之所以异于禽兽者，以有仁义而已矣。""至圣之道，参天地，赞化育，立人极，为万世师表。""先师修道立教，天下万世之人，服习圣训，咸有以自善其身，况为其子孙者乎。"乾隆皇帝用仁义之说，教化人们善其身、慎其行，最终到达稳固其统治目的。

祀岱历来被古代帝王视为非常重要的政治活动，从秦始皇开始，先后共有十二位皇帝在泰山封禅，其中秦始皇、汉武帝、东汉光武帝、唐高宗、唐玄宗和宋真宗六位皇帝，举办正式的泰山封禅大典。司马迁撰《史记·封禅书》称："自古受命帝王，曷尝不封禅？盖有无其应而用事者矣，未有睹符瑞见而不臻乎泰山者也。"关于封禅，《史记·正义》记载："此泰山上筑土为坛以祭天，报天之功，故曰封。此泰山下小山上除地，报地之功，故曰禅。《白虎通》云：'或曰封者，金泥银绳，或曰石泥金绳，封之印玺也。'《五经通义》云：'易姓而王，致太平，必封泰山，禅梁父，天命以为王，使理群生，告天平于天，报群神之功。'"

从以上史料可以看出，在泰山举行封禅仪式，是古代封建帝王追求"天命正统"、"应天授命"，确立其统治地位非常重要的方式。特别是改朝换代时的"易姓而王"，封禅于泰山，能够确保其统治国家万世太平。至明代洪武三年，朱元璋将封禅泰山改为拜祭泰山。清代对祀岱更加重视，还专门制定了祀岱的制度："岳镇海渎所在地方，有司岁以春秋仲月诹日致祭，祭东岳泰山于山东泰安州。"康熙皇帝曾三次亲临拜谒泰山，十次派遣使臣祀岱。雍正在皇子时期，就跟随康熙登临泰山，并作《岱顶》御制诗。雍正登基之初，就遣宗人府府丞吴梁拜祭泰山，以告天下清世宗雍正祀承帝统。乾隆皇帝的祀岱活动，一方面较好地传承了历代帝王对祭祀泰山传统，另一方面乾隆将帝王祀岱发展到新的高度，无论从祭拜次数，还是祭拜礼仪，均为历代帝王之最。

乾隆巡行山东缘由

乾隆十三年，清高宗首次东巡山东。乾隆对于此次巡行山东非常重视，早在乾隆十二年六月就颁旨，《清实录》记载："乾隆十二年丁卯六月庚申朔，谕：朕幼诵简编，心仪先圣一言一动，无不奉圣训为法程。御极以来，觉世牖民，式型至道，愿学之切，如见羹墙，辟雍钟鼓。躬亲殷荐，而未登阙里之堂，观车服礼器，心甚歉焉。仰惟皇祖圣祖仁皇帝，巡幸东鲁，亲莫孔林，盛典传于奕禩。皇考世宗宪皇帝，崇圣加封，重兴庙貌。尝遣朕弟和亲王，恭代展祀。未以命朕，意者其或有待欤。朕寅绍丕基，抚兹熙洽。思以来年春孟月，东巡狩。因溯洙泗，陟杏坛，瞻仰宫墙，申景行之夙志……"。由此可以清楚地看出，乾隆明确地表示赴山东祭孔是继承顺治、康熙、雍正祀岱的传统。顺治、康熙曾亲临山东拜祭孔子，雍正则是派遣乾隆弟弟弘昼祭孔，这些都使乾隆对巡行山东意愿日益加深。乾隆之所以效法为之，还有一个重要的原因，就是乾隆在治国理政方面，秉承着"敬天法祖"思想，尤其是对圣祖康熙皇帝的效仿，在政治、军事、文化等方面，达到一种无可附加的程度，赴山东祭孔之事自然也不例外。

　　《清实录》还记载："复奉圣母皇太后懿旨，泰山灵岳，坤德资生，近在鲁邦。宜崇报飨。朕不敢违，爰遵慈训，亲奉銮舆。秩于岱宗，用答鸿贶，旋跸青齐。观风布泽。以昭崇圣法祖。"由此可以看出，赴山东另一目的为尊奉皇太后懿旨祀岱。乾隆皇帝注重孝道、以身作则推行孝道，为历代帝王所不能及。乾隆登基后，对圣母皇太后生活上关怀备至，每逢外出巡行，也时常奉母一同出行，尤为注重侍奉、孝敬母后。根据《起居注》记载，乾隆最早携母出京巡行是乾隆三年八月，为恭奉皇太后诣泰陵，举办世宗宪皇帝三周祀典。乾隆于十三年第一次西巡五台山也是奉母巡行，是为九月驾谒泰陵恭奉皇太后西巡五台。乾隆共六次南巡，在皇太后有生之年，共四次奉母南巡。其中第一次南巡之年，就定在崇庆皇太后六十大寿之年。根据《清实录》记载，此次巡行山东祀岱，也是出于孝顺母亲，听从懿旨所致，所谓"朕不敢违，爰遵慈训，亲奉銮舆"。可以看出，乾隆言辞间对皇太后尊奉之至。究其缘由，乾隆对皇太后如此孝顺，更多的是为了显示其以"孝"治天下，"以孝为本"的治国方针。乾隆在十四年，第一次南巡前颁布的谕旨提到："屡尝敬读圣祖实录，备载前后南巡，恭侍皇太后銮舆，群黎扶老携幼，夹道欢迎，交颂天家孝德，心甚慕焉。朕巡幸所至，悉奉圣母皇太后游赏……南巡之举，当在辛未年春正我圣母六旬万寿之年也。

将见巷舞衢歌，欢腾献祝。称朕以天下养之至爱，上以广承欢之庆。"因此，乾隆作为满族的统治者，牢牢地把握住了汉民族儒家思想核心——"孝道"，在广大汉族黎民面前确立了封建社会伦理道德准则。于是，乾隆携母巡行成为融入汉族社会非常有效的方式，不仅因此博得了广大百姓的拥护，还使巡行具备了合理性和可行性。

史料中记述乾隆首次巡行山东经过

如前文所述，乾隆十二年就开始筹备首次山东之行。《清实录》记载："教孝省方钜典，所有应行典礼。大学士会同该部，稽考旧章，详悉具仪以闻。其应预备之各衙门，查察事宜，先期请旨。至行在一切所需，悉出公帑。无得指称供顿储偫，丝毫贻累间阎，羽林卫士，内府人役等。各该管大臣严行稽查约束，并令扈跸文武臣僚，严饬傔从。无或侵践田畴，致妨宿麦，如有骚扰地方，指名需索者，立即参奏，从重治罪，通行晓谕知之。"乾隆对于首次巡行山东，从祭孔祀岱时的礼制，各部筹备执行情况，经费出处，甚至为防止扰民，对于各级随从人员行为约束等方面，都进行细致、周密的安排和规定。

山东泰安府也为迎接乾隆皇帝的首次巡行山东，进行了大量的筹备工作，如修缮御道、营建行宫等，根据《泰安府志》记载，泰山行宫始建于清乾隆十二年，是时任山东巡抚阿里衮为迎接高宗第一次登岱所建。曰："乃于南天门内，碧霞宫之东，玉皇庙，朝阳洞四处，各建行宫，以为住息之地。"

据《清实录》记载："（乾隆十三年二月）丁巳（初三日），祭先师孔子，遣平郡王福彭行礼。"每逢二月和八月祭拜孔子，为清朝建国时就定下的规制。《清会典》记载："（崇德）五年定，每年二月八月上丁日行释奠礼。顺治二年定，每岁春秋仲月上丁日，祭先师孔子。遣大学士一人行礼，翰林官二人分献，国子监祭酒祭启圣公于启圣祠，均以先贤、先儒配飨。从祀自后，每年二月、八月上丁日致祭。如遇有事，改次丁或下丁，通行府州县卫各学遵行。"

乾隆首次巡行山东启程的准确时间为：十三年二月初四日。《起居注》记载："（乾隆十三年二月）初四日戊午，上东巡，致祭祀阙里、禋祀岱宗。诣大高殿行礼毕，奉皇太后銮与出京师。"《乾隆御制诗集》中《戊辰仲春东巡祭阙里秩岱宗初四日自京奉皇太后启程得诗八韵》记载："幼服先师训，宫墙念在兹。兼怀岱宗麓，堂阜讶何其。二月言巡鲁，六龙始戒逵。鸿猷思圣祖，乌养奉徽慈。丽日曈昽暖，祥风左右披。千官纷祖饯，万骑拥旌旗。武备由来赫，民艰借以咨。景行终待仰，膏泽岂稽施。"

乾隆十三年二月二十四日戊寅，经过二十天的路程，东巡的队伍抵达山东曲阜县。其间驻跸的行宫有：董公庵、卢村、当陌村、高桥、雄县十里铺、任邱县五里铺、河间府、卢家庄、阜城县、景州七里铺（驻跸两晚）、德州七里庄、靳家庄、孟家楼、李家庄、兴隆屯、东阿旧县、凤凰台、河源屯、安乐村。在去往山东路途上，乾隆皇帝也并没有只游览沿途风景，主要活动有以下几点：

1. 拜谒寺庙、名胜览古

如，《起居注》记载："初五日己未上幸弘恩寺。"《乾隆御制诗集》《弘恩寺》："路转林扉辟照园，云窝小憩忘尘喧。川原春望全宜画，松竹古心静可论。满庭嘉荫坐瞿昙，每过偏教驻客骖。笑煞阇黎惯添足，指称柏子令人参。风旛摇影入檐楹，闲馆依迟心迹清。揭忆前年觅吟处，初韶浅腊景相争。"

《起居注》记载："初九日癸亥，驾至赵北口。"《乾隆御制诗集》《赵北口即景》："红桥长短接溪川，溪上人家不治田。半笠沧波三月雨，一堤杨柳两湖烟。孳将鹅鸭无官税，捕得鱼虾足酒钱。今日饱餐渔者乐，鸣榔春水绿浮船。燕南赵北旧曾闻，历览真逢意所欣。苕霅溪山吴苑画，潇湘烟雨楚天云。渔歌隔浦惊鸥阵，客舍开窗数雁群。方喜湖光涤尘埃，何来诗思与平分。"

2. 批答奏折、下达谕旨

如，《起居注》记载："初十日甲子，大学士陈世倌、协办行在大学士傅恒，奉谕旨：原任福建漳州镇总兵哈攀龙，着即速驰驿，前往金川军营，听总督张广泗酌量委用，川陕二省若有总兵缺出，即令伊署理。"

"十二日丙寅，大学士陈世倌、协办行在大学士傅恒，奉谕旨：大学士高斌等，今奏常安从乾隆八年起，每年两次点换盐政，承差共娄收银八千余两。又察出原参款外，每遇盐政承差缺出新役顶补，共娄取银一千七百余两……已命大学士公讷亲前往覆审，则此奏亦可无庸置议。但常安败检贪劣既已昭，着着革职，听讷亲等严审定。"

"十八日壬申，大学士陈世倌、协办行在大学士傅恒，奉谕旨：湖南常德府知府员缺，着管学宣补授。"

3. 减免赋税、恩赦东省

如：《起居注》记载："初十日甲子，大学士陈世倌、协办行在大学士傅恒，又奉谕旨：上年直属被水成灾，天津等十五州县厅业已加恩赈济，小民不致乏食。但念天津、静海、文安、大城、霸州、永清、武清、庆云、津军厅等处被灾较重，目下停赈。将届麦秋，尚远恐不足，以资接济其。河间、任邱、南皮、青县、沧州、宝坻，六州县因被灾较轻业，已停赈，贫民未免拮据。今朕巡幸所及庆惠，宜施着加恩将此十五州县厅再行加赈一月，俾得普沾惠泽。所需米石，令该督于北仓存贮漕粮内动拨，该部即遵谕行。"

"十三日丁卯，大学士陈世倌、协办行在大学士傅恒，奉谕旨：原任工部尚书魏廷珍，向以老病乞休。朕因其凡事因循好誉，不肯奋勉供职。设令辞老荣归，优游林下。何以警后来之旅进旅退者，故降旨革职。今朕东巡伊来接驾，念其年已八旬。向曾受皇祖培养拔擢之恩，且数年家居尚属安静，着加恩给还原职，以示朕眷念旧臣之意。"

乾隆十三年二月二十四日戊寅，乾隆一行东巡到达曲阜县。当天，乾隆便亲临曲阜文庙巡视许久，为第二天的祭祀大典做准备。回曲阜行宫后，为大成殿、诗礼堂御笔亲书联额。如《清实录》记载："戊寅，驾临曲阜，诣文庙，周览良久。还行幄，御书大成殿扁曰：时中立极。联曰：觉世牖民诗书易春秋永垂道统，出拔萃河海泰山麟凤莫喻圣人。诗礼堂扁曰：则古称先。联曰：绍绪仰斯文识大识小，趋庭承至教学礼学诗。并书杏坛金丝堂、奎文阁、同文门、大中门、宏道门、圣时门、棂星门、万仞宫墙等匾。"乾隆皇帝还普免山东省本年赋税，又蠲免曲阜、泰安、历城三地第二年的赋税徭役等，足见乾隆皇帝对即将进行的祭孔典礼非常重视。《起居注》记载："曲阜、泰安、历城銮舆驻跸之所，也是宜稚恩闾井、广沛优施，着将三县乾隆己巳年，应征地丁钱粮全行蠲免，俾小民均沾厚惠，该部即遵谕行。"

乾隆十三年二十五日己卯寅刻，乾隆皇帝在曲阜文庙正式祭祀孔子。《起居注》记载："二十五日己卯寅刻，上诣文庙。至大成门即下辇，步入行三跪九叩首礼，扈从之王公大臣随行，礼毕驾至诗礼堂升座，命孔氏后裔讲《周易》、《中庸》各一章。"之后，乾隆谕示衍圣公孔昭焕："先师修道立教天下万世之人服习圣训，作为孔子后人，要夙夜敬勉，亲师向学，以植始基，慎行谨言，以培德器，循循诗礼之教，能守家传。"《乾隆御制诗集》中《阙里祭先师礼成因成八韵》记载："礼原尼父定，文是素王垂。用以将钦若，因希尚鉴兹。一贯天道性，万古帝王师。过鲁绳皇祖，思齐奉圣慈。黍其陈祖豆，升降式威仪。教泽常贻在，心传竟属谁。景行稍此遂，蠡管尚难窥。三子希踪后，安能赞一辞。"《乾隆御制诗集》中《诗礼堂进讲八韵》记载："昔日趋庭处，熙春进讲时。渊源应有自，法则近于兹。礼并文华举，典因圣祖垂。章缝既鱼雅，冠带亦追随。瑞旭唐槐影，卿云汉石滋。芸编陈御案，广厦列经帷。道笈期深造，言诠未易窥。所希明正学，致治化无为。"

随后，乾隆又去祭祀少皞陵、周公庙，以及赴孔林奠酒。《起居注》记载："驾兴诣少皞陵致祭，复至周公庙行礼，毕更衣谒孔林奠酒。"《乾隆御制诗集》中《祀少皞陵》记载："徙都传曲阜，践阼忆穷桑。克缵三皇后，宏开五帝庆。建官遵鸟纪，举德以金王。名与乾坤永，功同日月光。菣子承后统，积恂谒云阳，言念大渊盛，瞠乎已望洋。"《谒孔林酹酒》："宫墙亲释奠，林墓此重来。地辟天开处，泗南洙北隈。春鸣仙乐鸟，冬绿石碑苔。教泽垂千古，泰山终未颓。"

祭祀典礼后，回到曲阜行宫中，乾隆皇帝赐宴衍圣公孔昭焕和孔氏并四代官员，以及随从王公大臣。《起居注》记载："还大营，赐衍圣公并四氏官员，随从王公大臣等宴。"乾隆对孔氏家族官员加恩封赏，以慰祭孔盛事："衍圣公既优加赏赉，其余圣贤后裔应一体加恩。凡孔氏子孙官员，及十二氏子孙各官俱着加一级。其进士、举人各赏银十两，贡监生员各赏银五两，俾共沐恩荣用光巨典。"并且对孔氏后人尤为恩待，甚至有可以入朝为官的机会，《起居注》记载："十三氏子孙，文行兼优者数人，资送礼部贡入成均示鼓励焉。其引驾官孔继汾，朕看其人尚可造就，着加恩以内阁中书用。"至此，乾隆完成此次祭孔典礼，从礼制到规模，既沿袭了祖制，又进一步对其规范和完善。

二十八日壬午，乾隆一行到达泰安府，准备进行祀岱仪式。当天，乾隆同样先行亲临岱庙巡视良久。《起居注》记载："二十八日壬午，上至泰安府，诣岱岳庙，周视良久还大营。"《乾隆御制诗集》中《望岱宗》记载："百里齐南路，巍然望岱宗。乾坤惟一大，造物不双钟。特地扶摇上，倚天紫翠重。嵲嶻多已见，气象未前逢。变化真难测，形容杳莫从。早看肤寸合，希泽有孚颙。"乾隆还谕旨督抚派遣各地大员，前往祭拜泰山之外的四岳和四渎，《起居注》记载："其四岳四渎等祀，皆宜一体荐馨，用申诚敬。着各该督抚，就近遴委大员前往致祭，以崇秩祀。"

二十九日癸未，乾隆正式祭拜岱岳庙。《清实录》记载："癸未，上诣岱岳庙致祭。"《乾隆御制诗集》中《祀岱庙》记载："释奠回銮礼岱宗，绳先不为事登封。地灵自是神凭宇，庙古还看黛蔚松。阶下崎嵚临介石，殿中肃穆仰苍容。已躬那更求多福，祈岁心殷惠我农。祀视三公旧典行，配天生物镇苍精。崇朝所冀云蒸雨，大德应符震出亨。寝殿端居帝偕后，仙坛配享弟随兄。泰山林放如相拟，久矣禋宗不易明。"随后，乾隆奉皇太后登泰山。《起居注》记载："奉皇太后銮与登岱，驾由岱宗坊更衣，诣玉皇庙行礼，复至朝阳洞、碧霞宫、东岳庙、青帝宫、玉皇顶诸处拈香。"《乾隆御制诗集》中有多首关于登岱的诗文，如《朝阳洞》："回峦抱深凹，曦光每独受。所以朝阳名，名山率常有。是处眇云关，坦区得数亩。结构寄幽偏，潇洒开窗牖。历险欣就夷，稍憩复进走。即景悟为学，无穷戒株守。"《对松山》："岱岳最佳处，对松真绝奇。古心谁得貌，变态不容思。万嶂惟全碧，四时无改枝。依稀佺羡辈，倚树斸灵芝。"当晚，乾隆夜宿泰山顶行宫。《夜宿岱顶》："攀跻凌岳顶，仆役亦已劳。行宫恰数宇，旧筑山之坳。迥与天为邻，瀗然云作巢。依栏俯岱松，凭窗昐齐郊。于焉此休息，意外得所遭。恭诵对月诗，徘徊惜清宵。"随后的两天，乾隆奉母至碧霞宫、关帝庙、朝阳洞多处拈香。至三月初二日丙戌，乾隆一行完成祀岱、登岱活动。

三月初四日戊子，乾隆巡行至济南府，赴趵突泉览胜。《起居注》记载："初四日戊子，驾至济南府，幸趵突泉。"《乾隆御制诗集》中《车驾至济南驻跸》记载："谒圣祀岳回，便道至历下。周巡千里余，于焉少休暇。都会验风谣，牧伯咨民社。筹政急当务，先后岂容借。连年灾祲余，安民为要也。召父与杜母，古有今岂寡。申命群有司，助予不逮者。"《乾隆御制诗集》中《珍珠泉》记载："济南多名泉，岳阴水所潴。其中执巨擘，趵突与珍珠。趵突固已佳，稍藉人工夫，珍珠擅天然，创见讶仙区。卓冠七十二，分汇大明湖，几曲绕琼房，一泓映绮疏。可以涤心志，可以鉴眉须，圆流有灵孕，颗颗旋相于。乍如历海峤，鲛人捧出余，又如对溟渤，三五显方诸。作霖仰尧题，泽物留神谟，我来值暮春，农夫正新畲。看彼芃芃者，欣此涓涓如。安得符圣言，远近均沾濡。"

三月初五日己丑，乾隆奉皇太后阅兵，亲自射箭演练。随后，拜谒虞舜庙。《起居注》记载："初五日己丑，奉皇太后阅济南、青州、兖州三营兵，上校射连发皆中。复诣虞舜庙行礼。"《乾隆御制诗集》中《阅济南兵》记载："广甸芜烟暖，崇台旭影晴。居安修武备，巡狩效先程。组练云中耀，钲螺风外鸣。青齐寻禹迹，便与诘戎兵。"《乾隆御制诗集》中《谒舜庙》记载："孝称千古独，德并有唐双。历下仪刑近，城中庙貌庞。春风余故井，云气护虚窗。缅继百王后，钦瞻心早降。"后几日，乾隆还查看了济南府城、趵突泉。

至三月初八日壬辰，乾隆起驾回宫。《清实录》："壬辰，上奉皇太后回銮。"《乾隆御制诗集》中《车驾自济城回跸》记载："初识济城好，波明山翠攒。奇观才约略，春色未阑珊。野鸟啼朝日，村花艳去鞍。不教游兴尽，警跸命回銮。"从诗中可以看出，乾隆皇帝对此次巡行山东比较满意，并且还心系朝中军国大事，十分勤勉。

　　本应完满的山东之行，却在回程中发生了重大变故。三月十一日乙未，乾隆的富察皇后在德州登船后不久病逝，乾隆悲恸欲绝，命庄亲王允禄、和亲王弘昼恭奉皇太后先行回京。乾隆驻跸德州水次至三月十三日，当日启程昼夜兼行，十四日到达天津。于三月十七日辛丑到京，乾隆将大行皇后梓宫安奉在长春宫。至此，乾隆首次巡行山东结束，前后共计44天。《起居注》记载："十七日辛丑未刻，御舟至通州。上还宫，戌刻，大行皇后梓宫由苍震门入安奉长春宫。"

从巡行山东看乾隆皇帝的道统与治统观

　　乾隆此次巡行山东，其政治意义不言而喻。从上述内容可以看出，祭孔是这次赴山东的主要目的。在曲阜文庙的一系列祭祀仪式严守祖制，安排得周密细致，乾隆事必躬亲。在仪式规模和形制上，都可称为乾隆朝以往的顶峰。这些祭祀孔子的核心内容，是为了达到治统和道统合一。所谓道统和治统，明末清初的思想家王夫之提出："天下所极重而不可窃者二：天子之位也，是谓治统；圣人之教也，是谓道统。……儒者之统，与帝王之统并行于天下，而互为兴替。其合也，天下以道而治，道以天子而明；及其衰，而帝王之统绝，儒者犹保其道以孤行而无所待，以人存道，而道可不亡。"也就是说，儒者的"道统"与帝王的"治统"并行于天下，二者结合，在圣贤帝王身上可以实现，家国兴旺；二者相违背，帝王统治行将覆灭，而道统不灭。道统是儒家思想不断完善从而形成的价值观，受到天下百姓认同和支持。治统看似凌驾于道统之上，实际上道统关乎治统的存亡。道统是用于是教化人文的理论和礼数，若统治者与之相违背，其政权的合法性和稳固性，势必受到质疑和动摇。

清朝作为满族入主中原，其政权的正统性一直是清朝帝王关注的重点。所以，清朝为了构建其统治的正统与合法地位，从顺治帝入关伊始，至清末诸帝王，都不遗余力地将儒家文化与自身统治相结合。清朝统治者以祭孔和经筵的方式，来展现其对儒家文化的接受和延续，以此获得正统的道统形象，进而以秉承这种道德文化而获得统治中国的正统地位。康熙在《四书解义》序言中说："朕惟天生圣贤，作君作师。万世道统之传，即万世治统之所系也。"《清实录》记载乾隆明确地表明："治统原于道统。"

此次祭孔典礼，乾隆亲自担任最高主祭者，十分恭谨虔诚，《清实录》记载："上诣先师庙释奠，至大成门，降舆，步入，行三跪九拜礼。遣显亲王行禩致祭启圣祠、崇圣祠。遣官分献四配十哲两庑。上诣诗礼堂，命举人孔继汾进讲《中庸》'凡为天下国家有九经'节，贡生孔继涑进讲《周易》临卦象辞。毕宣谕衍圣公孔昭焕等，曰：至圣之道，参天地，赞化育，立人极，为万世师表。凡兹后裔，派衍支繁，尤当永念先型，以期无忝……驾谒孔林，至墓门，降舆步入。墓前北面跪，三酹酒。毕行三拜礼。"

所有祭拜的流程和礼制均为最高规格，乾隆皇帝"降舆"、"步入"、"行三跪九拜礼"、"墓前北面跪"、"三酹酒"、"毕行三拜礼"，也足见其对孔子的尊崇有加，可见乾隆深知儒家之学于社会政治秩序的重要意义。乾隆还在《御制阙里孔庙碑文》记述："朕自养德书斋，服膺圣教，高山景行之慕，寤寐弗释于怀。嗣统以来，仰荷天麻，海宇乂安。用举时巡之典，道畿甸，历齐鲁。登夫子庙堂，躬亲盥献，瞻仰晬仪，展敬林墓，徘徊杏坛，循抚古桧，穆然想见盛德之形容，忾乎若接。夫闻圣人之风，诵其诗，读其书足以观感兴起……慕圣人之德而不克见之躬行者，非切慕也；习圣人之教而不克施之实政者，非善学也，法祖尊师。"由此可见，乾隆对孔子推崇之至，"慕圣人"和"习圣人"均与其治国施政联系到一起，正是将自身定位于道统与治统合一的形象。

结语

　　乾隆巡行山东祭孔祀岱，是其尊儒崇道的重要活动之一，体现了对孔子先师尊崇备至。同时，乾隆巡行山东期间，积极推行一系列措施，在强化统治的前提下，多次下旨减免山东及周边省份赋税徭役，提拔任用有为官员，对社会经济稳定发展，政治体制稳固等方面都起到了积极作用。乾隆还视察沿途军营，确保各地军队驻防安定。经过汶水、运河时，还巡视河工，防治水患。

　　乾隆皇帝作为历代实际执掌国家政权时间最长的皇帝，在政治、经济、文化、军事等方面都开创了中国封建社会的极盛时代，为发展"康乾盛世"局面作出了重要贡献，确为一代有为之君。究其缘由，与乾隆一贯恪守的儒家思想有密切关系。乾隆更多地将儒家文化道统，融入到其治理国家治统体系中。乾隆实施的"仁政治国""以孝治天下"等施政思想，都遵循儒家道义应运而生。他还将其文治武功撰写成文，制成铭刻奉于太学，用以祭告文庙。如，《平定金川告成太学碑文》、《平定准噶尔告成太学碑文》等，也是尊奉儒家"始以为武，终以为文"政治理念的具体表现。总之，乾隆强调用儒家礼仪教化天下，较好地处理了百姓与统治阶级、大臣与帝王之间的关系，将人们忠君仁义思想与国家仁政德治有机地结合起来，使二者达到完美的统一，从而达到国家长治久安的目的。

目录

第一单元：权力的中枢养心殿　002

雍正帝御笔"中正仁和"纸匾　003
青玉曹振镛书御制养心殿记册　004
青玉交龙纽"养心殿宝"　005
黄花梨木宝座　006
黄花梨木嵌乾隆帝御制诗句屏风　007
宫扇（一对）　008
碧玉龙纹香亭（一对）　009
黄色缎绣龙凤双喜纹靠背　010
黄色缎平金绣凤双喜纹铺垫　011
碧玉甪端式香薰（一对）　012
紫檀木雕花纹甪端几（一对）　013
紫檀木边镀金竹林鹤兔图挂屏（一对）　014
乾隆款掐丝珐琅海水云龙纹暖砚匣　015
乾隆款掐丝珐琅海水云龙纹笔架　016
乾隆款掐丝珐琅海水云龙纹水丞　017
碧玉交龙纽"十全老人之宝"　019
印版《平定西域战图》册　020
乾隆帝御题青玉葵花式盘　022
乾隆帝御题青玉葵花式盘　023
玉柄金桃皮鞘飞蛇腰刀　024
青玉刘秉恬书御制土尔扈特全部归顺记册　025
青玉交龙纽"八徵耄念之宝"　026
青玉交龙纽"太上皇帝之宝"　027

乾隆款掐丝珐琅勾莲纹双耳三足炉　028
掐丝珐琅八宝勾莲纹圆盒　029

第二单元：从垂帘听政到明窗开笔　030

同治御笔龙字轴　031
紫檀木嵌玉宝座　032
黄花梨木楠木心脚踏　033
紫檀木边座碧玉云龙纹插屏（一对）　034
紫檀木平头案（一对）　036
紫檀木雕花纹八角香几（一对）　037
紫檀木雕花纹椅（一对）　038
绿色天华锦迎手（一对）　039
黄色寸蟒靠背　040
大红色织锦牡丹花坐褥　041
紫檀木雕绳纹方几（一对）　042
雍正款青花缠枝花蕉叶纹瓶（一对）　043
乾隆款黄地青花缠枝莲八吉祥纹象耳瓶（一对）
　044
乾隆款釉里红团龙图葫芦瓶（一对）　045
描金带彩黄杨木什锦梳具　046
青玉交龙纽"慈禧皇太后之宝"　047
明黄色绸绣彩云金龙纹男单朝袍　048
明黄色绸绣三蓝百蝶纹夹衬衣　049
碧玉云龙纽"同治尊亲之宝"　050

燕喜同和款红地金彩喜字六节圆盒（一对） 051

檀香木柱纽"光绪之宝" 052

银镀金光绪二十一年珍妃册（一册10片） 053

青金石朝珠 054

弘历朱笔书元旦试笔二律诗稿页 056

弘历行书戊寅元旦试笔二律诗轴 057

青玉砚 058

紫檀雕笔筒 059

黄玛瑙秋叶式笔洗 060

象牙管万国来朝紫毫笔 061

白玉岁岁平安图如意 062

乾隆款粉彩云蝠纹冠架 063

第三单元：勤政亲贤殿 064

雍正帝御笔"勤政亲贤"纸匾 065

紫檀木铜包角炕几（一对） 066

乾隆款剔红三狮图长方盒 067

雍正帝御笔对联 068

乾隆帝御笔"一心奚所托"纸屏 069

乾隆帝御笔"奎画殿楹悬"纸屏 070

乾隆帝御笔"六卿近分职"纸屏 071

白玉镂雕云龙椭圆式墨床 072

乾隆款青玉蝶耳活环三足洗 073

乾隆款黄玉牛 074

带皮青玉巧作云龙纹洗 075

寿山石夔纹"亲贤爱民"章 076

雍正款画珐琅牡丹纹双连盖罐 077

雍正款蓝色玻璃光素直口瓶（一对） 078

雍正款窑变釉灵芝式笔筒 079

寿山石夔纹平台纽"勤政亲贤"方印 080

红、绿头签 081

红漆皮奏折匣 082

青田异兽纽"为君难"章 083

黄玉浮雕螭虎纹镇纸 084

窑变釉水丞 085

黄色缎绣云水金龙纹方坐褥 086

黄色缎绣金龙云纹迎手（一对） 087

第四单元：寄情翰墨 088

乾隆帝御笔"三希堂"纸匾 089

乾隆帝御笔五言字对联贴落 090

紫檀木卷书式炕几 091

紫檀木双层炕几 092

白玉笔架 093

青玉雕松竹梅管笔 094

青玉管笔 095

青玉乾隆御笔三希堂记册 096

白玉首纽"三希堂精鉴玺" 097

乾隆帝御题褐斑白玉浮雕"九松图"插屏　098

昌化石"乾隆宸翰"方印　099

白玉福寿吉祥如意　100

青玉莲蓬式香插　101

乾隆帝御题"瑞石古洞"青玉山子　102

白玉碧玉围棋子　103

青白玉麒麟吐书鹤鹿图山子　104

弘历行书三希堂记卷　105

弘历草书临王羲之时事等七贴册　106

玄烨行书趵突泉诗轴　107

《快雪时晴帖》　108

《中秋帖》　109

《伯远帖》　109

弘历岱庙汉柏图轴　110

弘历珠躔朗曜寿星轴　111

白檀边座青金石刻花卉图插屏　112

乾隆款白玉圭　113

乾隆帝御题白玉云龙纹三镶冠架　114

带皮青玉螭纹龙首觥　115

乾隆款金地粉彩开光诗句花卉纹壁瓶　116

乾隆款金地粉彩开光诗句花卉纹壁瓶　117

乾隆款绿地粉彩花卉纹壁瓶（一对）　118

乾隆款祭蓝地描金开光粉彩花卉诗句图壁瓶　119

乾隆款黄地粉彩夔凤纹开光诗句双耳壁瓶　120

乾隆款绿釉弦纹壁瓶　121

乾隆御制款青白玉笔筒　122

乾隆款碧玉光素碗　123

乾隆款碧玉天鸡尊　124

黄色江绸绣勾莲纹靠背　125

蓝色暗花缎坐褥　126

白玉碧玉象棋　127

青玉十二辰　128

红白玛瑙刻诗桃桩式花插　129

第五单元：虔诚修行，静心养性　130

铜空行佛母　131

铜空行佛母　132

铜查机尼佛母　133

铜拉玛佛母　134

铜上乐金刚　135

铜堪楂拉希佛母　136

铜噜俪尼佛母　137

铜白救度佛母　138

铜观音菩萨　139

铜金刚亥母　140

铜鎏金绿救度佛母　141

铜鎏金上乐金刚　142

铜鎏金绿救度佛母　143

铜鎏金上乐金刚　144

铜鎏金上乐金刚　　　　　　　　　　145

铜密集金刚　　　　　　　　　　　　146

铜威罗瓦金刚　　　　　　　　　　　147

铜鎏金吉祥天母　　　　　　　　　　148

铜鎏金白勇保护法　　　　　　　　　149

铜鎏金上乐金刚　　　　　　　　　　151

黑石三大明王（2套6件）　　　　　152

嵌珐琅五供（一套5件）　　　　　　154

银镀金嵌松石八宝（一套8件）　　　156

穿珠堆绫雅曼达嘎　　　　　　　　　158

穿珠堆绫密集金刚　　　　　　　　　158

穿珠堆绫上乐金刚　　　　　　　　　158

铜鎏金无量寿佛　　　　　　　　　　159

铜智行佛母　　　　　　　　　　　　161

画珐琅勾莲纹五供（一套5件）　　　163

泥四臂观音菩萨　　　　　　　　　　164

泥金刚菩萨　　　　　　　　　　　　165

铜鎏金嵌松石莲瓣形圆盒　　　　　　166

铜鎏金嵌松石莲瓣形圆盒　　　　　　167

包金顶银上乐坛城　　　　　　　　　169

硬木方几　　　　　　　　　　　　　170

硬木炕桌　　　　　　　　　　　　　171

玻璃挂镜　　　　　　　　　　　　　172

黄色缎绣海水云龙纹靠背　　　　　　173

黄色缎绣勾莲蝠纹迎手（一对）　　　174

黄色江绸绣蝠勾莲纹迎手（一对）　　175

红色寸蟒迎手（二对）　　　　　　　176

第六单元：皇家造办，帝王的审美　　　**177**

乾隆款仿古铜彩镂空如意　　　　　　178

进匠腰牌　　　　　　　　　　　　　179

铜镀金珐琅字盘机芯　　　　　　　　180

老式钟表车床　　　　　　　　　　　181

开齿机　　　　　　　　　　　　　　182

铜镀金计算器　　　　　　　　　　　183

铜镀金珐琅四明钟　　　　　　　　　184

银鎏金浑天仪　　　　　　　　　　　186

铜镀金地平半圆日晷　　　　　　　　187

铜直柄钮"养心殿造办处图记"印　　　188

康熙款戗金彩漆龙纹葵瓣式盘　　　　189

康熙款掐丝珐琅缠枝莲纹象足盖炉　　190

康熙款画珐琅牡丹勾莲纹菱花式盘　　191

仿哥釉鱼耳炉　　　　　　　　　　　192

第一单元

权力的中枢养心殿

养心殿，明代已有，初为皇帝闲居之所。清代康熙年间，养心殿一度成为皇家造办处，康熙帝还在这里赐宴廷臣，并与西洋传教士学习西方科技。雍正初年，雍正皇帝正式移居养心殿，这里成为继明代乾清宫后，清代帝王处理政事和日常起居的地方。此后直至清末，养心殿变成了紫禁城的心脏，它日夜跳动的脉搏紧扣着帝国的中枢神经。

中正仁和殿

养心殿正殿明间便是皇帝召见大臣、商讨政务、引见官员的地方。殿中高悬雍正帝手书"中正仁和"匾，由此，正殿又被称为中正仁和殿。中正仁和殿当中设地平，地平上陈设楠木黄缎套御案，御案后有皇帝的宝座，宝座后有乾隆帝御书"保泰常饮若，调元益懋哉"联屏风，御座两侧还陈设有宫扇、香筒、角端。正对地平的天花装饰有盘龙藻井，整个明间的陈设显现出一派庄严肃穆之态。

雍正帝御笔"中正仁和"纸匾

清雍正（1723-1735）

纵 85 厘米　横 243 厘米　厚 7.5 厘米

　　横匾木骨包锦边框，屏心镶锦边，上书"中正仁和"四字，中钤朱文"雍正御笔之宝"。养心殿自雍正开始，取代乾清宫成为宫内政治中枢所在，此匾四字点明治国理政之关键，高悬于明间正中，与其下屏风相互配合，足见两代君王孜求治道，可谓一脉相承。（黄剑）

青玉曹振镛书御制养心殿记册

清·嘉庆

长 21.5 厘米　宽 15.2 厘米

故宫博物院藏

　　青玉册，共六片，册文为嘉庆皇帝御制《养心殿记》。玉册以紫檀木板作为封面和册底，装于锦盒中，并以三交锦套扣封。玉册由六片玉版组成，均为双面刻，共计十二帧。首面为火焰流云底纹，中心隶书竖刻"御制养心殿记"，廓双线题框。框外左右各饰一龙，下部为海水江崖托火焰宝珠纹，以传统二龙戏珠图案环拱题名。最后一面稍有不同，中心仅为一正面升龙。其余十面为正文，均系阴刻填金楷书，字体端方，笔力雄健。整个玉册展现出了清代宫廷制作的工艺水平。

青玉交龙纽"养心殿宝"

清·乾隆

高 9.5 厘米　方 10.7 厘米

　　青玉交龙纽方形玺，阳文篆书。印台四周镌刻养心殿铭，纽上系黄条："同治五年七月二十日，常禄交养心殿宝一方，青玉。"说明此玺于同治五年被点查、整理过。明代和清初之时，皇帝寝宫在乾清宫。雍正皇帝在养心殿守孝二十七个月，终未迁回乾清宫。于是养心殿就成为皇帝的寝宫，直到宣统皇帝退位。清代共有八个皇帝居住此宫，且顺治帝、康熙帝、同治帝均在此逝去。养心殿呈工字形，前殿为皇帝处理政务、召见臣工之所，后面是寝宫，其东暖阁曾经是慈安、慈禧两太后垂帘听政的地方。（魏晨）

黄花梨木宝座

清

长 160 厘米　宽 90 厘米　高 102 厘米

　　宝座黄花梨木材质，五屏式靠背扶手，皆素边框装板心，心板铲地线雕拐子龙纹。坐面冰盘沿，格角攒框平镶楠木心板，面下素直束腰。鼓腿膨牙，牙板三垂如意头，其上亦铲地线雕拐子纹，足端下接托泥。此件宝座选料精良，黄花梨木纹理卷转生动，楠木座面心板光泽如缎，铲地线雕手法极费功夫，而靠背扶手等处又皆双面雕做，可见其用心用力。（黄剑）

黄花梨木嵌乾隆帝御制诗句屏风

清

底座长 260 厘米　通高 323 厘米

　　屏风边座黄花梨木材质，三扇屏山字布局。屏帽及挂牙皆铲地线雕如意头为饰，中扇屏帽做双螭相对，两边扇上屏帽亦做出螭首。屏框皆光素。

　　中扇较宽大，用黄花梨木做阳线钩出子边，屏心为黑漆地，上嵌黄花梨木字乾隆帝御制诗《新正养心殿》："西师归振旅，东陆舒由庚。执徐奉执规，持躬凛持盈。三白兆宿岁，万几筒新正。闲中足养心，而予有所怦。怀安岂良图，无逸斯元亨。自强励不息，善长时偕行"。尾署"乾隆庚辰新正御题"。庚辰为乾隆二十五年（1760）。

　　两边扇收窄，屏心文字则取自乾隆帝御制诗《新正西苑小宴外藩》中的一联："保泰常钦若；调元益懋哉。"屏心背面为黑漆地描金竹石图，两边扇外侧又以站牙抵夹，以加强结构的稳定性。屏扇之下为三接须弥式屏座，呈"八"字形，上下巴达马雕卷草纹，束腰雕拐子卷草花。此屏系为养心殿量身而制，造型与装饰皆服务于陈设场所的功能，屏心处用御制诗句直接阐发了关于政务的认识，从中可以看出自雍正以来，养心殿作为理政中心在宫中所处的独特地位。（黄剑）

宫扇（一对）

清乾隆（1736-1795）

扇面长 97 厘米　宽 64 厘米　杆长 180 厘米　通高 297 厘米

　　二件宫扇为一对，造型纹饰相同。宫扇由扇面和扇杆组成，扇面为菱形，扇骨从中间将扇面一分为二，下连接紫檀雕花扇杆。扇面由上下四层大小不一的孔雀翎羽状扇形结构装饰，最底部采用铜鎏金工艺，雕饰多个半圆纹饰排列组合成扇形，似孔雀展开的美丽颈羽，下接如意云头纹，云头纹正中有一高浮雕圆珠，似孔雀头。整个扇面孔雀羽翎展开如扇状，呈现孔雀开屏的华美景象。该宫扇置于养心殿明间宝座后两侧，是中国古代宫廷礼仪的重要陈列品和装饰物。（鲍楠）

碧玉龙纹香亭（一对）

清

通高 128 厘米　玉筒长 77 厘米　径 13 厘米

　　此对香亭为铜鎏金重檐六角攒尖顶，重檐六角各缀铜铃。香亭壁以碧玉镂雕制造，呈圆柱形中空，外刻云龙纹，龙神态威严，身体健挺有力，不失灵动，有如出云海之感。亭座亦为铜镀金质，正六边形，每面开两幅嵌金二龙戏珠图案。座底为配重，灌有铅坨。本品为两件一对，放置于养心殿皇帝御座之两侧。

　　在明清两代的皇宫、园林、别墅的各正殿明间，都会有一组独特的陈设，即以宝座为中心，后有屏风，左右各陈设角端、香亭等。这种陈设格局象征皇权的至高无上。此类陈设中，摆在左右的香亭必不可少，清代档案及文献中多称此器为"垂恩香筒"。每当皇帝升座时，香亭内点燃檀香木，香烟从香亭的孔洞内冒出，造成香烟缭绕、香气宜人的神秘气氛，由此借喻皇恩浩荡、垂及万民之意。（杨立为）

黄色缎绣龙凤双喜纹靠背

清

长 42 厘米　宽 115 厘米

　　清代宫廷与民间使用的靠垫、坐垫，其功能基本相同。所不同的是，宫廷更加讲究，其靠垫、坐垫填充物整洁，外套多使用绸缎类，并织绣各种图案纹饰。

　　这件靠背的外罩为黄色缎套，使用平金，绣龙凤双喜纹图案。据此可以推测，此靠垫曾为皇帝大婚时使用。（仇泰格）

黄色缎平金绣凤双喜纹铺垫

清

长 79 厘米　宽 140 厘米

　　铺垫与炕褥功能相同，多为宫廷床榻、宝座上使用。起到舒适、柔软、减震、保暖、美观的作用。这件铺垫为黄色缎质地，使用平金，绣龙凤双喜纹饰。（仇泰格）

碧玉甪端式香薰（一对）

清

通高 35 厘米

　　碧玉。甪端造型，站姿昂首状，头较大，身体粗壮。头顶有一小角，脑后有长发。大耳，张口，颔下有须。凸胸，胸部有横节纹。足大似蹄，细阴线刻出指爪。头身可以分开，腹空，可贮香料，香气可透过兽的口、鼻散发出来。下附铜座。造型和图案特点皆具有典型的清代宫廷制品风格。

　　"甪端"是中国古代传说中的一种神异之兽。《宋书·符瑞志下》："甪端日行万八千里，又晓四夷之语。"故甪端式香薰是明清宫廷重要的陈设用品，表圣主在位。皇帝的宝座两侧常设有甪端与香筒，一般皆两两相对，器形也相对较大。（赵桂玲）

紫檀木雕花纹用端几（一对）

清

长 38 厘米　宽 30 厘米　高 43 厘米

　　用端几紫檀木材质，两件成对。几面平镶板心，边抹较宽。面下束腰浮雕卷草纹，上下托腮雕莲瓣，牙板膨出，上雕拐子缠枝纹，三弯式几腿，足端外卷，下踩罗锅式四方托泥。用端几专为陈设用端而做，用材壮硕，造型稳固，适宜承重。（黄剑）

紫檀木边镀金竹林鹤兔图挂屏（一对）

清

纵 128 厘米　横 201 厘米　厚 6.5 厘米

　　挂屏两件成对，紫檀木边框，四角钉錾花铜叶，框上装如意头铜倒环二。边框起双阳线，线内雕卷草拐子纹。屏心装玻璃罩，罩下以铜镀金片捶迭成浮雕状，一件为竹林双兔，一件为竹林双鹤；屏心一角上各有李侍尧书御制诗一首。此屏体量硕大，装饰富丽堂皇，尤其适于陈设在大殿明间两侧壁上。（黄剑）

乾隆款掐丝珐琅海水云龙纹暖砚匣

清乾隆（1736-1795）

长 19 厘米　宽 15.2 厘米　高 15.8 厘米

乾隆款掐丝珐琅海水云龙纹笔架

清乾隆（1736-1795）

长 22 厘米　高 15.2 厘米

乾隆款掐丝珐琅海水云龙纹水丞

清乾隆（1736-1795）

底径 8.5 厘米　高 11 厘米　勺长 14 厘米

　　暖砚匣铜胎，长方形匣，下连铜镀金连珠如意云錾花纹底座。匣口处卡一铜制浅屉，内置二方极薄的端砚。匣内可储热水或炭火，以防冬季砚内墨汁凝固，故称暖砚。盖面和四壁均以宝蓝釉为地，掐丝镀金饰威猛的坐龙，周边环绕五彩祥云，底边饰海水江崖纹。座底中央凸起双龙，环抱阳文楷书"大清乾隆年制"三行六字楷书款。

　　笔架铜胎，五峰山字形，或称为笔山。器表以宝蓝釉为地，两面均饰双龙捧缠绕绶带的卍字符，有祈愿万寿之意，顶有江崖，底饰海水。铜镀金连珠如意云錾缠枝花纹底座，座底中央凸起双龙，中间有阳文楷书"大清乾隆年制"三行六字款。

　　水丞铜胎，圆筒形。盖镀金，阴刻五只不同姿态的祥凤与缠枝花卉纹。器表以宝蓝釉为地，掐丝镀金饰双龙捧缠绕绶带的卍字符，周围祥云缭绕，底边饰海水江崖。铜镀金连珠如意云錾花纹底座，座底中央凸起双龙，环抱阳文楷书"大清乾隆年制"三行六字款。勺铜胎，中部微弧，宝蓝釉地上饰缠绕绶带的卍字符和江崖海水纹，上方为铜镀金浮雕式龙首，下方为半圆式勺。

　　这组掐丝珐琅文房四宝应包括暖砚匣、笔架、水丞、镇纸（已佚）共四件器物，共同的特点是胎体厚重、造型规整、釉质细腻、镀金尤为厚亮，为清代宫廷珐琅制品中的精品。在清宫内务府造办处的档案中有一条长达五千字的记录，非常详细地记载了乾隆帝是如何从器形、大小、纹饰、布局、镀金等各方面提出要求和修改意见，造办处珐琅作又是如何按照皇帝的意愿不断改进，历经一年多的时间，终于制作完成九套完全符合皇帝心意的掐丝珐琅文房四宝，分别陈设于养心殿、太和殿、宁寿宫、上书房等重要宫殿当中，足见乾隆帝的认可和喜爱程度。（王磊）

十全老人与三朝盛世

清高宗乾隆，生于康熙五十年（1711），卒于嘉庆四年（1799），是中国历史上寿命最长的帝王。在位六十年间，实现了清帝国真正的统一。乾隆五十八年，乾隆皇帝写下《十全老人之宝说》，文中提到："十全本以纪武功，而十全老人之宝则不啻此也……盖君人之职，岂止武功一事哉。"表达了他成为全方位君主的"十全"追求，既彰显了康、雍、乾盛世，也以此昭告后世子孙时时惕勉，不可松懈。

碧玉交龙纽"十全老人之宝"

清乾隆（1736-1795）

边长 12.8 厘米　通高 15.3 厘米　纽高 5.4 厘米

　　碧玉交龙纽方形玺，阳文篆书，四周刻十全老人之宝说。乾隆五十七年（1792）十月初三日，82岁的乾隆帝因允准廓尔喀国王拉特纳巴都尔修贡停兵议和，亲撰《十全记》。乾隆因此志骄意满，夸耀为"武功十全"。晚年更自号"十全老人"，"十全"是乾隆在位期间十次远征边疆的重大胜利，此玺为乾隆的纪功之物，也是他的自励之玺。（毛宪民）

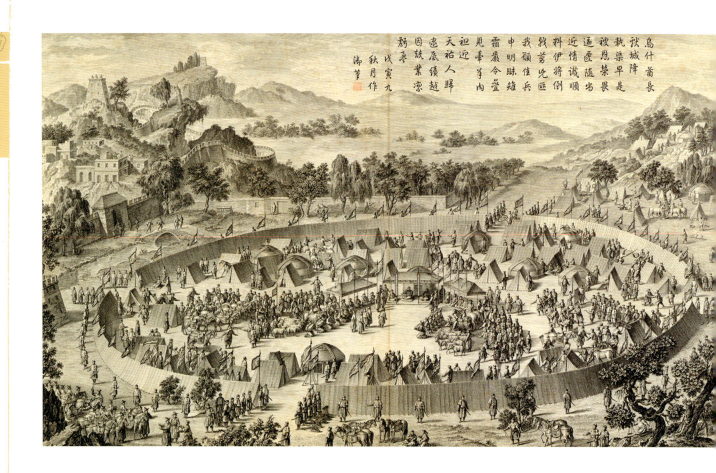

乌什首长
狱城降早是
执渠荣晨
被恩荣尚
逼匪随顺
近情诚倒
料伊将兵
钱剪讫匪
我颟佳雄
申明睐雄
霜岩令萱
见事羊肉
祖近人晒
天祐人晒
迫底绩越
因故业凛
弱弩
秋月作
戊寅九
御笔

印版《平定西域战图》册

清乾隆（1736-1795）

郎世宁等

纵 51.5 厘米　横 90.5 厘米

　　西域是西汉以后对甘肃玉门关以西地区的总称，至公元 19 世纪末，西域之名才废弃不用。乾隆朝时，位处西域的准噶尔部达瓦齐、阿睦尔撒纳和回部大小和卓木霍集占兄弟先后反清。乾隆皇帝遂遣兵西征并平定了他们的叛乱。乾隆皇帝为了弘扬将士们不畏艰辛、骁勇善战的顽强精神，谕令宫廷西洋画家郎世宁、王致诚、艾启蒙、安德义创作了表现当时主要战役进程的《平定西域战图》册。图成后，乾隆皇帝为了使大清的业绩彪炳史册，弘扬军威国力，谕令两广总督李侍尧将《平定西域战图》画稿送交法国，由掌握娴熟铜版画技术的法国宫廷良匠柯升、勒巴等人制成铜版。

　　该图册共十六幅，所选为此册中的两幅，《乌什首长献城降》描绘了乾隆二十三年（1758）八月，乌什伯克霍集斯遣子黄文在乌什城外的受降台迎接接受献城的清军将领的事件。《黑水解围》描绘了在崇山峻岭中陷入敌军包围的清朝官兵固守营垒，猛烈还击，勇渡黑水的场面。图中所绘人物、马匹、建筑、树木等注重素描表现，富有立体感，充分地展示了当时欧洲铜版画镌刻印刷的最高水平，也真实地反映了当时激烈冲突的场景，具有重要的军事史料价值。（李湜）

乾隆帝御题青玉葵花式盘

清乾隆（1736-1795）

盘径 53 厘米　盘高 8 厘米　木座直径 58 厘米　高 84 厘米

玉盘选用一大块新疆青玉料雕琢而成、光素无纹、折沿、浅腹、八瓣葵花式口。在盘内底刻琢一首乾隆二十九年（1764 年）所作的《碧玉盘谣迭旧作韵》诗："玉不自言艰致尺，卫拉所有守世泽。磕损改作中规则，形肖葵花非楚石。惜其独置于笋席，和阗六城久休息。产玉岁贡春秋易，更番驿递盛以革。相材琢磨工岂惜，阛时成盘等垂棘。旧器既免播越院，新器更庆良朋获。物必有偶如鸟翼，连珍萃美昭良式。承惟檀几不欹侧，迭勤载咏志合德。匪夸我武扬疏勒。"后有"乾隆甲申叠旧韵御题"及阳文圆章"乾"及方章"隆"字。玉盘外底填金篆书"大清乾隆年制"六字竖行三排款。

乾隆二十八年底（1763 年），伊犁垦田守军在荒田中得到一件准噶尔部的重器青玉盘，送到宫廷后，因盘边磕缺，乾隆命人将圆盘改为葵口盘，并赋诗志事。后从和阗贡玉中找到类似玉料，复制了此盘，这件玉盘尺度色泽与准部青玉盘宛然无别，配为一对，共配上紫檀木架后陈设于养心殿后寝殿。（徐琳）

乾隆帝御题青玉葵花式盘

清乾隆（1736-1795）

盘径 53 厘米　盘高 8 厘米　木座直径 58 厘米　高 84 厘米

　　玉盘选用一大块新疆青玉料雕琢而成，光素无纹、折沿、浅腹、八瓣葵花式口。在盘内底刻琢一首乾隆二十八年（1763）所作的《碧玉盘谣》诗："碧玉之盘径逾尺，质本规圆色光泽。准夷重器守世则，贮以马湩可盈石。穹庐玉醴斯陈席，以招百福繁生息。仁义不施攻守易，矫虔夺攘纷兵革。休屠金人且弗惜，玉盘自合弃荒棘。磕破边角秦玺院，伊犁垦田耕者获。驿使致京飞不翼，取裁改作葵花式。穆然完好绵几侧，汤之盘铭日新德。用识颠末苕华勒。"后有"乾隆癸未仲春月御题"及阳文图章"乾"及方章"隆"字。玉盘外底填金篆书"大清乾隆年制"六字竖行三排款。

　　从诗中可知，此盘本为准噶尔汗国的重器，在准部风俗四月马奶新得之时，置筵醮神，以招百福，繁衍生息之用。因准部多次内战和叛乱，乾隆帝派兵平定。战乱中，玉盘被弃于荒郊野外，后被伊犁垦田耕种的守军发现，送到清宫，因玉盘边角已有磕破，乾隆帝命工匠改为葵口，放置于养心殿后寝殿。（徐琳）

玉柄金桃皮鞘飞蛇腰刀

清乾隆（1736-1795）

长 96 厘米　护手宽 12 厘米　厚 9 厘米　鞘宽 7 厘米　厚 2 厘米

　　刀身钢质，前锐、刃锋、带血槽，身弧。其身底部一面镀银横向铭文，为"地字十八号"，纵向文为"飞蛇"，说明刀的编号与名称；另一面镀银横向文为"乾隆年制"，字体皆隶书。铁镀金如意形护手，錾雕火珠、云龙纹饰。刀柄玉质，其上镶嵌金色花朵双面各一。柄首穿孔，系以明黄丝绦，加坠绿松石宝珠。刀鞘木质，外饰金桃皮，锁纹连属，富丽堂皇。配铁镀金琫、珌，镂雕云龙纹。鞘加上、下金箍两道，又以提梁连接，系以黄丝绦带，加设铜环，作为佩挂之用。（刘立勇）

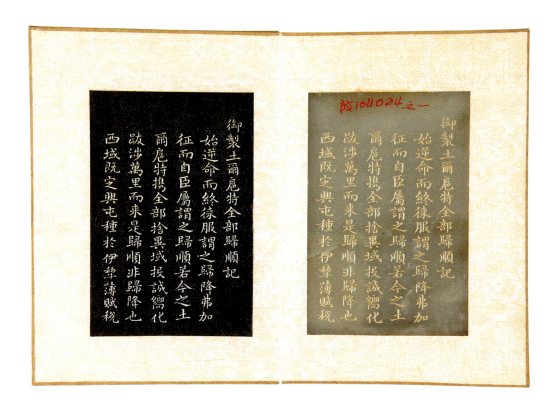

青玉刘秉恬书御制土尔扈特全部归顺记册

清乾隆（1736—1795）

长 12.5 厘米　宽 2.7 厘米　厚 5.4 厘米

　　青玉册，共八片，配紫檀木匣。《土尔扈特全部归顺记》载于乾隆《御制文集》二集卷十一，记录了土尔扈特部族人在首领渥巴锡的带领下，历经险阻，从伏尔加河流域回到清王朝的经过。乾隆帝在文中分析了土尔扈特族回归的前因后果，并表达了自己的喜悦之情，称其为"不可不记之事"。（刘立勇）

青玉交龙纽"八徵耄念之宝"

清乾隆（1736-1795）

边长 13 厘米　通高 11 厘米　纽高 5.4 厘米

　　青玉交龙纽方形玺，汉文篆书。四周刻八徵耄念之宝诗。乾隆五十五年（1790）乾隆帝八十圣寿之时，乾隆帝为此宝特撰写《八徵耄念之宝记》。曰："予年七十时，用杜甫句镌'古稀天子之宝'，而即继之曰'犹日孜孜'，不敢息于政也。蒙天倦佑，幸无大陨，越于兹又决旬矣，思有所以副八旬开衮之庆，镌为宝，以殿诸御笔，盖莫若《洪范》八徵之念。"乾隆帝在《八徵耄念之宝记》中说明了镌刻"八徵耄念之宝"的原因，同时又镌刻"自强不息"宝作为"八徵耄念之宝"的副章，进一步表明他的用意。（毛宪民）

青玉交龙纽"太上皇帝之宝"

清乾隆（1736-1795）

边长 12.7 厘米　通高 8.5 厘米　纽高 3.5 厘米

　　青玉交龙纽方形玺，汉文篆书。四周刻太上皇帝之宝诗。康熙帝在位六十一年，乾隆帝表示"不敢上同皇祖"，早年就立誓若得在位六十年当即归政。乾隆六十年（1795）九月，乾隆帝在圆明园勤政殿宣谕建储，命于次年改元嘉庆，皇十五子永琰为嗣皇帝，自己则称为"太上皇帝"，其谕旨称"敕旨"，仍自称朕，并镌"太上皇帝之宝"数方，于日常使用。乾隆帝退位后仍旧把握朝纲，称为"训政"，在宫里仍称乾隆年号，直到乾隆六十四年（1799）去世。乾隆帝在位六十年，居太上皇位训政三年零三天，享年八十九岁，为中国历代帝王寿命及主持政务时长之最。（毛宪民）

乾隆款掐丝珐琅勾莲纹双耳三足炉

清乾隆（1736—1795）

口径 7 厘米　高 11 厘米

　　炉圆口，肩出双朝冠耳，鼓腹，三蹄足。通体施天蓝色地釉，炉身
与足部饰缠枝莲纹，颈部与耳部饰缠枝花纹，间饰如意云纹，填以红、蓝、
白、黄、深绿、浅绿、粉紫等色。

　　此炉造型古朴，掐丝均匀，花纹繁缛，釉色斑斓，鎏金肥厚，并带"乾
隆年制"款，可以看作乾隆朝掐丝珐琅的标准器。（展梦夏）

掐丝珐琅八宝勾莲纹圆盒

清

通高 7.2 厘米　口径 7.4 厘米

　　圆盒铜胎，蒸饼式，盖器各半，圈足，附木座。通体施浅蓝色珐琅釉为地，掐丝成纹后填各色珐琅釉装饰。盖面中心饰团花纹，外围和器身环饰"轮、螺、伞、盖、花、罐、鱼、肠"八吉祥图案，图案之间点缀缠枝番莲纹。盒内、口沿、圈足皆镀金。此类小盒为陈设器，常与工艺、纹饰相应的炉、瓶组合在一起，摆放于清代后宫的各个宫殿当中。盒胎体厚重、掐丝规整、釉色纯正、纹饰精美，充分体现了清宫造办处掐丝珐琅工艺的制造水准。（王蕾）

第二单元
从垂帘听政到明窗开笔

　　从雍正朝开始，每年元旦子刻时分，皇帝都会到养心殿东暖阁临窗处举行"明窗开笔"仪式。皇帝会在这里写下新年第一笔，以祈望新一年的美好景象。咸丰十一年（1861），咸丰帝病逝于承德避暑山庄，慈禧太后与恭亲王奕䜣发动了辛酉政变，6岁的同治皇帝在养心殿东暖阁"奉母后皇太后、圣母皇太后御养心殿，垂帘听政"。晚清太后的垂帘听政时代从此开始了。

　　垂帘听政

　　咸丰十一年七月（1861），咸丰皇帝病逝于承德行宫寝殿。在咸丰帝的遗诏中："十六日子刻，召见宗人府宗令、右宗正、御前大臣、军机大臣，令其承写朱谕。立皇长子为皇太子，并命该王大臣等尽心辅弼，赞襄政务。"6岁的载淳继位，是为同治帝。同时，因同治年幼故任命八位王大臣赞襄政务。十一年十月，慈禧太后与恭亲王奕䜣发动"辛酉政变"，除掉了辅政八大臣，开始了晚清时期的垂帘听政。

同治御笔龙字轴

纵 158 厘米　横 70 厘米　轴宽 82 厘米

　　本幅为纸本，正中为一草书龙字，结体稳重，笔力遒劲，但过于求稳，略显呆滞。上部正中钤"同治御笔之宝"朱文方印。清代自道光帝起，多书龙字条或轴，有以自娱者，有以赏赐臣子者。（郝炎峰）

紫檀木嵌玉宝座

清乾隆（1736-1795）

长 122 厘米　宽 85 厘米　高 100 厘米

　　宝座紫檀木材质，三屏式靠背扶手，上部装方形如意头式屏帽，看面部分用铜丝勾出边框，嵌以碧玉，心板则以玉雕云龙图案为饰，座面平镶板心，面侧缘雕回纹。面下高束腰，亦浮雕回纹。四腿方材，甚为壮硕，足端内卷，下踩托泥。此宝座造型稳重庄严，用玉雕与紫檀相配，更凸显尊贵之意。（黄剑）

黄花梨木楠木心脚踏

清

长 84.5 厘米　宽 27 厘米　高 11 厘米

　　脚踏黄花梨木材质，踏面格角攒框平镶楠木心板。面下素直窄束腰，牙条五垂如意头，上饰线雕拐子纹，方材直腿内翻马蹄足。此脚踏与宝座配套，线脚装饰一脉相承。（黄剑）

紫檀木边座碧玉云龙纹插屏（一对）

清

长 48.5 厘米　宽 22 厘米　高 58 厘米

　　插屏紫檀木边座，两件成对。屏框内落堂装铜边子框，框内镶装玉雕云龙屏心，背面屏心为香色漆地嵌玉兰花一株。绦环板处亦用铜丝镶边，内嵌海水纹玉雕，批水牙沿边起皮条线，五垂如意头。站牙亦用如意纹为饰。此屏小巧精致，适合置于几案之上以为赏玩之用。（黄剑）

（正面）

（反面）

（正面）

（反面）

紫檀木平头案（一对）

清

长 176 厘米　宽 39 厘米　高 85 厘米

　　平头案紫檀木材质，两件成对。案面格角攒框平镶黑漆面心，面侧沿中部起阳线为框，框内雕回纹，与腿部看面相接，牙条铲地雕回纹曲边为饰，牙头雕拐子龙纹，足端做出如意头。侧面腿间上、下镶装沿边起线雕花圈口。此对平头案，造型端庄，选料精良，雕饰得宜。（黄剑）

紫檀木雕花纹八角香儿（一对）

清
直径 37.5 厘米　高 87 厘米

　　香几紫檀木材质，两件成对。几面八方形，攒框装板心，沿边起拦水线。面缘冰盘沿，下垂透雕如意头花牙一周，束腰内收，中部透雕如意头。束腰外围装透雕卷草花矮栏一周，栏下直牙条，中垂如意头，上雕卷草花，牙边起阳线并与腿部线脚联为一体，牙条之下装如意头托角牙。八腿作展腿式造型，中段内卷，足端外翻如意头，下踩有束腰八方底座。此几造型与众不同，雕饰细腻，需仔细品味方可领会匠师着意经营之处。（黄剑）

紫檀木雕花纹椅（一对）

清

长 67 厘米　宽 51 厘米　高 108 厘米

　　扶手椅紫檀木材质，两件成对。搭脑处雕做贝壳式纹样，壶瓶式靠背板铲地浮雕西洋花，靠背框架内镶装透雕西洋式卷草纹圈口。扶手、联邦棍皆光素无纹，内镶透雕卷草花圈口，坐面格角攒框平镶板心，面下素束腰，方材直腿，上部腿间装牙板一道，其上浮雕西洋式卷草纹，下部腿间装四面平底枨，枨下装起线素牙条，足端内翻马蹄。此椅选料材坚质美，造型看似无奇，但搭脑、背板、扶手、联邦棍处多做弧形曲线，于平淡中见功力。装饰纹样则选用巴洛克风格的西洋卷草花，也是此椅独具特色之处。（黄剑）

绿色天华锦迎手（一对）

清

长 30 厘米　宽 29 厘米　高 30 厘米

　　宫廷中的迎手功能大体一致，只是宫廷使用材料不同，通过能工巧匠精细
制作，才使得宫内迎手实用、美观。这对迎手外包边绿色天花锦质地。（仇泰格）

黄色寸蟒靠背

清

长 200 厘米　宽 100 厘米

大红色织锦牡丹花坐褥
清
长 200 厘米　宽 110 厘米

紫檀木雕绳纹方几（一对）

清

边长44.5厘米　高93厘米

　　方几紫檀木材质，两件成对。几面格角攒框装板心，面四边起拦水线，面下高束腰，每面开绳纹边透孔三个，腿间装绳纹兽面花牙，四腿方材，足端内翻马蹄，下接方形托泥。此几以绳纹为饰，通过在不同部位上多次施用，使得其装饰上的特点得以强化，整体造型虽然中规中矩，但又不会"泯然众人"。（黄剑）

雍正款青花缠枝花蕉叶纹瓶（一对）

清雍正（1723-1735）

通高 27.5 厘米　足径 12 厘米

　　瓶撇口、圆唇、长颈、溜肩。斜弧腹，渐往下收，圈足。通体青花装饰。颈部绘仰蕉叶纹。肩部绘两层纹饰，上为缠枝花纹，下为垂如意云头纹。外壁腹部绘缠枝花纹，近底部绘变形莲瓣纹。外底署青花篆体"大清雍正年制"六字三行款。（蒋艺）

乾隆款黄地青花缠枝莲八吉祥纹象耳瓶（一对）

清乾隆（1736-1795）

高 32.5 厘米　足径 9 厘米

　　瓶撇口、短颈、溜肩、鼓腹、腹渐下收，圈足微外撇。肩部对称置象头形耳，象鼻下分饰一绶带。瓶内及足内均施白釉。外壁通体施黄釉为地，上绘青花装饰。口沿处绘垂如意云头纹，颈腹部绘缠枝莲八吉祥纹，近底处绘仰莲瓣纹。外底署青花篆体"大清乾隆年制"六字三行款。（蒋艺）

乾隆款釉里红团龙图葫芦瓶（一对）

清乾隆（1736-1795）

高 29 厘米　口径 4 厘米　足径 9.5 厘米

　　瓶为一对，均呈葫芦式，直口、束腰、球形腹、圈足。通体釉里红装饰，上、下腹均饰四组团螭纹，间以灵芝、蝙蝠纹。束腰饰回纹一周，上、下腹口沿及近足处纹饰两两相对，绘如意云头纹、莲瓣纹、外底白釉青花书"大清乾隆年制"六字篆书款。

　　乾隆时期瓷瓶的造型极为丰富，多为成对烧制，用于居室陈设。此对葫芦瓶造型秀美，纹饰吉祥，清淡的釉里红色与洁白的底釉相互衬托，使器物增添了华美富贵之韵味，别具特色。（高晓然）

描金带彩黄杨木什锦梳具

清

长 29.3 厘米　宽 20.6 厘米　高 3.8 厘米

　　这套梳具为清宫廷时期所使用的物品。各式梳具置于锦匣内格中，计有梳子 8 把、竹篦 2 把、剔篦 2 把、胭脂棍 2 把、扁针 2 根、大小刷子 8 把，共计 24 件。梳子中有月牙形梳、把梳、篦形梳。清宫廷梳具，有象牙、玳瑁、黄杨木、枣木等不同质地品种，而清宫廷梳具多使用象牙和各种木质梳，这些梳具上大多描金彩绘凤纹、花卉纹等图案，皆雕饰精美。

　　清宫后妃皆梳"两把头"，当满头秀发飘散时，长方形梳子可直接通发；在梳两把头至垂于颈下的燕尾时，中等的月牙形梳子较为合适；梳至发梢、鬓发时宜用八字形把小梳；由于宫中条件所限，人们很少洗发，篦子用于除去头发的污垢；剔篦是剔除篦子污垢的工具；刷子也称为抿子，用于抿发；扁针用于披散露的发丝或拨缝隙；胭脂棍是面部化妆时用于点唇的。后妃梳完头后，再用胭脂棍沾胭脂，轻点朱唇，点一醒目的红圆点，美其名曰"樱桃口"或"樱桃唇"。

　　整套梳具制作精美、功能多样，反映出清宫后妃们当时所用梳具的考究。梳具配以锦匣做包装，既能起到保护作用，又能显示物品名贵。（王慧）

青玉交龙纽"慈禧皇太后之宝"

清同治（1862-1874）

边长 12.7 厘米　通高 9.5 厘米　纽高 4.7 厘米

　　印为方形玺，汉文篆书。慈禧的特权反映在各个方面，印章也不例外。清代皇帝均有"御宝"，慈禧的"慈禧皇太后之宝"，体现了她至高无上的特权。（恽丽梅）

明黄色绸绣彩云金龙纹男单朝袍

清光绪

身长 120 厘米　两袖通长 172 厘米　袖口宽 25.5 厘米　下摆宽 106 厘米

　　明黄色朝袍为皇帝礼服之一，主要用于重大典礼及祭祀等场合，与朝冠、朝珠、朝带和朝靴搭配使用。其样式为：圆领、大襟右衽、马蹄袖、断腰式袍。此件朝袍于上身前胸、后背，左、右肩各装饰正龙一条；腰帷前后各行龙两条，襞积处团龙十八，膝襕处前后各行龙二；领口处缀铜鎏金光素扣一，大襟缀铜鎏金錾花扣四，无背云，无披领。此件朝袍于明黄色江绸地上绣制金龙、云蝠、海水以及十二章纹样。其绣工端正平整，但主体纹样较清代中前期呆板匠气，为清代光绪时期常见风格。（王鹤北）

明黄色绸绣三蓝百蝶纹夹衬衣

清光绪

身长 132 厘米　两袖通长 132 厘米　袖口宽 36 厘米　下摆宽 120.4 厘米

　　衬衣为清代后妃便服之一，通常套穿于氅衣或坎肩之内，亦可单独穿着。

　　此衬衣其式为：圆领、大襟右衽、直身式袍、不开裾。三层短平袖，挽袖长及肘部，呈折叠状。袖口内加饰可替换的袖头，共三层：月白色素纺丝，衬米色币纹暗花缎，饰福寿纹缘边和浅蓝色曲水纹织金边缘，最外层才是面料。此为晚清后妃便服的装饰特点之一。

　　全身以明黄色暗花绸为地子，缀绣三蓝百蝶纹，雪青色云鹤纹和月白色云龙纹缂丝绦边，宝蓝色曲水纹织金边为缘，蓝色素纺纱衬里。缀铜鎏金狮舞绣球纹机制币式扣五枚。

　　清代后妃便服的装饰效果与各部纹样主题具有浑然一体、协调一致的特征。这种装饰手法一方面强化了主体图案的表现效果，同时又使华丽繁复的纹样获得了布局上的平衡感。这种宽衣博袖的剪裁方式，早已背离了清代初期束身箭袖的着装理念，而是转为追求舒适的穿着体验和强烈的装饰效果。（杨紫彤）

碧玉云龙纽 "同治尊亲之宝"

清同治（1862-1874）

边长 9.6 厘米　通高 9.3 厘米　纽高 5.1 厘米

　　同治帝载淳在位十三年，印多为名号印。同治帝印没有《宝薮》，故宫现存同治帝印约 20 方，此印为上尊号时使用。载淳嗣位之初，原拟年号祺祥，大学士周祖培奏请更正，最终以"同治"二字进呈，表示两宫太后临朝而治。（恽丽梅）

燕喜同和款红地金彩喜字六节圆盒（一对）

清同治（1862-1874）

底径 15 厘米　高 24 厘米

　　盒呈圆柱形，连盖共六层。盖直口，平顶。外壁以红地描金为装饰。盖面由内向外以描金分别绘团寿、回纹、"囍"字和回纹。盖及底层侧面为单行"囍"字及回纹，中间四层侧面为双行"囍"字。底书"燕喜同和"楷书款。（王照宇）

檀香木柱纽 "光绪之宝"

清光绪（1875-1908）

边长 10.6 厘米　通高 15 厘米　纽高 11 厘米

　　木柱纽方形玺，汉字阳文篆书。光绪帝在位三十四年，他和同治帝一样都受制于慈禧皇太后。所以他在位期间的印玺多是御书所钤的名号印。故宫现存光绪帝印 30 余方。此木印上贴有黄纸，可能为印样。（恽丽梅）

银镀金光绪二十一年珍妃册（一册10片）

清光绪（1875-1908）

单片长 22.2 厘米　宽 10 厘米　厚 0.15 厘米

　　银镀金册，共十片。珍妃，光绪帝宠妃，生于光绪二年（1876），光绪十四年（1888）册封为珍嫔，光绪二十年（1894）正月晋封为珍妃。十月她与其姐瑾妃同降为贵人，次年十一月，复册封为珍妃。光绪二十六年（1900），北京义和团起事，慈禧皇太后与光绪帝出京西逃之前将珍妃沉于井，时年25岁。光绪二十七年（1901）追赠为贵妃。此册即光绪二十一年（1895）对其复册封时所颁发的册封证明。（恽丽梅）

青金石朝珠

清

周长 144 厘米

　　青金石朝珠，共计青金石一百颗，碧玺佛头、佛头塔、背云、大坠角。珊瑚记念三串，每串十颗，共计三十颗，坠翡翠小坠角。明黄色绦带。

　　《钦定大清会典图》卷五十七中记载："皇帝朝珠，用东珠一百有八，佛头、记念、背云、大小坠，珍宝杂饰惟宜。惟圜丘以青金石为饰……绦皆明黄色。"此件青金石朝珠配以明黄色绦带，应为皇帝御用。与蓝色朝服相配，用于祭天；或者与吉服相配，用于吉庆场合。（景闻）

春韶介祉，开笔大吉

元旦子时，养心殿东暖阁的明窗下会陈设案几，上面依次摆放注满屠苏酒的金瓯永固杯，"玉烛长调"蜡台、"万年枝"玉管笔以及朱漆雕云龙盘，内盛放着古铜八趾吉祥炉和两个古铜香盘。皇帝手持"万年枝"笔，写下对新一年的希望和祈愿。吉字会分别用朱笔和墨笔写在黄笺纸上，并收储在专门的黄匣内封存，不许任何人拆看。开笔后，皇帝还会提诗吟咏，称"元旦试笔"。最后，钦天监将新一年的时宪进与皇帝呈览，寓意授时省岁。

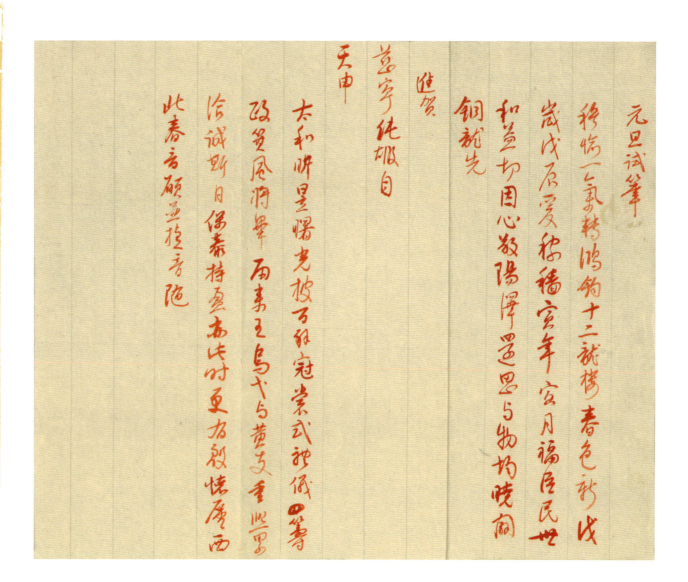

弘历朱笔书元旦试笔二律诗稿页

清乾隆二十三年（1758）

纵 22.3 厘米　横 28.5 厘米

　　此页为弘历自书七律二首诗原稿，乃乾隆二十三年（1758）新年第一天开笔所作。由于前一年，即乾隆二十二年（1757），清军在平定准噶尔贵族阿睦尔撒纳分裂叛乱的战争中取得了决定性胜利，故乾隆在诗中对新一年继续平定南疆大小和卓叛乱，从而实现国泰民安充满期待。诗稿以朱笔行草书写成，用笔草率随意，是其典型手稿书法的特点。这两首诗收入《乾隆御制诗二集》卷七十五，题目为《元旦试笔》，与此稿完全吻合。

　　释文："元旦试笔。穆愉一气转鸿钧，十二龙楼春色新。戊岁戊辰爱稼穑，寅年寅月福臣民。世和益切因心敬，阳泽还思与物均。晓暗铜龙先进贺，慈宁纯嘏自天申。太和昕呈曙光披，百辟冠裳式礼仪。筹政箕风将毕雨，来王乌弋与黄支。重熙累洽诚斯日，保泰持盈亦此时。更有殷怀廑西北，春音愿并捷音随。"（华宁）

穆愉一气转鸿钧十二龙
楼春色新戊岁戊辰爱稼穑
寅年寅月福臣民世和
益切因心敬阳泽还思与
物均晓辟铜龙先进贺
慈宁纯嘏自天申
太和昕呈曙光披
百辟冠裳式礼仪筹政
风将毕雨来王乌弋与黄
支重熙累洽诚斯日保泰
持盈亦此时更有殷怀屡
西北春音愿并捷音随
戊寅元旦试笔二律
御笔

弘历行书戊寅元旦试笔二律诗轴

清乾隆二十三年（1758）
纵 40 厘米　横 60.3 厘米

　　此轴款署"戊寅元旦试笔二律"，内容与故宫博物院所藏《弘历朱笔书元旦试笔二律诗稿页》及《御制诗二集》著录一致，是将手稿中的诗句写成一幅书法作品。戊寅为清乾隆二十三年（1758），乃弘历四十八岁所书，此时其书法风格已基本定型，但用笔规整稳重有余，而挥洒自如不足。

　　释文："穆愉一气转鸿钧，十二龙楼春色新。戊岁戊辰爱稼穑，寅年寅月福臣民。世和益切因心敬，阳泽还思与物均。晓辟铜龙先进贺，慈宁纯嘏自天申。太和昕呈曙光披，百辟冠裳式礼仪。筹政箓风将毕雨，来王乌弋与黄支。重熙累洽诚斯日，保泰持盈亦此时。更有殷怀屡西北，春音愿并捷音随。戊寅元旦试笔二律，御笔。"

　　钤印："乾隆宸翰"（朱方）、"琴书道趣生"（白方）。

　　鉴藏印："石渠宝笈所藏"（朱方）、"宣统尊亲之宝"（朱方）。

　　（赵梓汝）

青玉砚

明

长 19 厘米　宽 14 厘米　厚 6 厘米

　　玉砚以一块和田青玉籽料雕琢而成，因就料雕琢，底部外廓还保留了玉籽料的原皮，只是这块料发青，玉中有糖色及绺裂，给人以古朴之感。玉砚仿宋之抄手砚，并就料雕为"风"字形。其砚底挖空、墙足较高、砚池较深，加之较差的玉料，为明代玉器的典型特征。玉砚配有木匣，匣盖上嵌白玉镂雕龙纹戏珠玉佩。古代砚材一般以石为之，玉质砚因硬度较高，不易发墨，多用来研磨朱砂。（徐琳）

紫檀雕笔筒

清

高 17.5 厘米　口最长 18.5 厘米　最宽 15.5 厘米

　　笔筒截面呈四出海棠式，口径略大而足径收小，器形秀丽挺拔。口沿、足沿微微阳起一周，与纵向的分瓣线条恰成映衬。虽通体光素，但各部分比例合宜，细节处理一丝不苟，故而显露出沉静而雅致的格调，不会让人觉得单调寒伧。而其成型为整料制作，并非局部拼合，是颇为讲究的做法。磨工也极为精到，凹凸起伏过渡圆润，而又清晰自然，体现了较高的工艺水准。（刘岳）

黄玛瑙秋叶式笔洗

清

长 10.5 厘米　宽 6.8 厘米　高 3.9 厘米

　　黄玛瑙做成树叶形，叶边卷起为洗，两边还以小叶陪衬。洗内以阴线刻画叶脉，外面则以双线勾勒叶脉，显示了叶脉的阴阳向背。洗较为平薄，下配以硬木底座，镂雕折枝叶。

　　黄玛瑙的天然色泽使笔洗俏似秋天的黄叶，小巧可爱，是文人雅士比较喜欢的案头雅玩。（张林杰）

象牙管万国来朝紫毫笔

清

通长 22 厘米　直径 1 厘米　笔帽长 8 厘米

　　笔身用象牙雕刻而成，洁白细腻。笔杆上刻有"万国来朝"四字，楷书，阴文。笔毫由紫色山兔毫制成，纤细修长，具有典雅的文人气息。历史上，浙江西部及安徽东南部等地所产山兔背脊上有两行紫黑色箭毛，弹性极强，谓之"紫毫"。紫毫的经济价值很高，素有"紫毫之价如金贵"的说法。自元代起，以紫毫为材料的"湖笔"开始闻名于世。与此相反，羊毫笔的使用起源于社会底层，且由于其价格过于低廉，于是在明清时代便成了次等笔的代名词。直到清代嘉庆、道光之后，羊毫笔才以柔软、蓄墨等特点而为文人广泛接受，进而成为浙江湖州毛笔的主要产品。（林欢）

白玉岁岁平安图如意

清

长 36.4 厘米 宽 11.6 厘米 高 7 厘米

　　如意以一整块温润细腻的和田白玉雕琢而成。如意头部浮雕麦穗、鹌鹑，寓意"岁岁平安"，柄身浮雕盘肠、祥云与蝙蝠，寓意福寿久长。

　　如意是清代宫中的重要陈设品，被视为祥瑞祈福之器，多放置在宝座和寝室的几案上，供皇帝和后妃玩赏。（徐琳）

乾隆款粉彩云蝠纹冠架

清乾隆（1736~1795）

球径 15 厘米 底径 15 厘米 高 29 厘米

　　冠架上部为球状，镂空，顶端有一小盖，托座为仿木状。通体以粉彩绘纹饰。上部为云蝠纹，其间分布四个圆形开光。中部以金彩绘随形开光，其内绘花卉等纹饰。托座有镂空四出，底部为圆盘形，红地描金。（王照宇）

第三单元

勤政亲贤殿

勤政殿里的为君难

雍正帝胤禛(1678—1735),在位13年,期间创设军机处、完善奏折制度,将帝国政事紧紧地集中到皇帝的掌控之中。军机处位于隆宗门内北侧,距离养心殿很近,皇帝可以随时召见军机处大臣,快速掌握并处理边陲军情。勤政亲贤殿位于养心殿西暖阁,此处是皇帝批阅奏折、单独召见大臣、批阅殿试考卷等处理日常政务的地方。殿内悬挂的"勤政亲贤"匾、"惟以一人治天下,岂为天下奉一人"联为雍正帝御题。"勤政亲贤"也表达出帝王孜求治道、恭谨逢政的理念。

雍正帝御笔"勤政亲贤"纸匾

清雍正（1723-1735）

纵 68 厘米　横 230 厘米

　　横匾木骨包锦边框，屏心镶锦边，上书"勤政亲贤"四字，中钤朱文"雍正御笔之宝"。此匾可与雍正帝御笔对联参看，从中可见雍正帝对于治道的追求。（黄剑）

紫檀木铜包角炕几（一对）

清

长 102 厘米　宽 41.5 厘米　高 41 厘米

　　炕几紫檀木材质，两件成对。几面格角攒框平镶板心，面下素束腰，直牙条，方材直腿，腿间装拐子纹花牙，足端内翻马蹄。此几面侧缘、束腰及腿肩部位皆包镶錾花镀金铜叶。炕几造型工整大方，雕饰无多，镀金包角既能加强结构的稳定性，又与紫檀沉穆之色相互映衬，正是此几装饰独具匠心之处。（黄剑）

乾隆款剔红三狮图长方盒

清乾隆（1736-1795）

长 33 厘米　宽 19.7 厘米　高 10 厘米

　　此长方盒造型中规中矩。盒盖顶部三狮舞动，戏弄绣球，形象生动活泼，雕刻精细，显示出清中期娴熟的雕漆技艺。顶部与侧壁四周饰缠枝莲纹与联珠纹。盒内有屉，显示其实用性，应为收纳物件之用。盒盖内部有器名款"驯狮宝盒"四字。盒底部有款识"大清乾隆年製"。（邢娜）

雍正帝御笔对联

清雍正（1723—1735）

纵 260 厘米　横 45 厘米

对联木骨包锦边框，铜质如意头式倒环。屏心镶锦边。上联"惟以一人治天下"，下联"岂为天下奉一人"。又钤印二，一为白文篆书"朝乾夕惕"，一为朱文篆书"雍正宸翰"。此联装饰朴素，重点皆在文句所表达的资求治道、恭谨奉政之意。（黄剑）

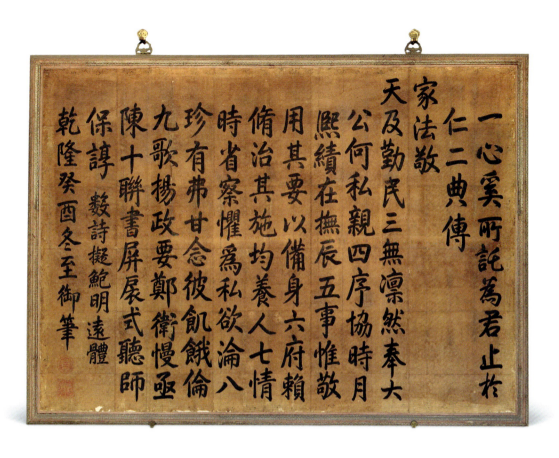

一心奚所託為君止於
仁二典傳
家法敬
天及勤民三無凜然奉大
公何私親四序協時月
熙績在撫辰五事惟敬
用其要以備身六府賴
俗治其施均養人七情
時省察懼為私欲淪八
珍有弗甘念彼飢餓倫
九歌揚政要鄭衛慢巫
陳十聯書屏展式聽師
保諄 數詩擬鮑明遠體
乾隆癸酉冬至御筆

乾隆帝御笔"一心奚所托"纸屏

清乾隆（1736~1795）

纵 166 厘米　横 230 厘米

　　挂屏木骨包锦边框，上带铜质如意头双倒环。屏心为乾隆帝御制诗《数诗拟鲍明远体》："一心奚所托，为君止干仁。二典传家法，敬天及勤民。三无凛然奉，大公何私亲。四序协时月，熙绩在抚辰。五事惟敬用，其要以备身。六府赖修治，其施均养人。七情时省察，惧为私欲沦。八珍有弗甘，念彼饥饿伦。九歌扬政要，郑卫漫巫陈。十联书屏扆，式听师保谆。"尾署"乾隆癸酉冬至御笔"。癸酉为乾隆十八年（1753）。（黄剑）

丙戌季春月上瀚御筆
並示來許
瞻以為蒞政臨民法則敬賦心存
皇考御書養心殿扁額也日夕仰
中正仁和
克傳
晨昏茲惕息四字奉
是一承乾清宴寧堪特崇高益鞏夔
皆育和斯情畢聯分雖各具義合
宣守中惟不倚居正要非偏仁則物
示後永無愆律己盱宵慎臨民政化
道以詮養心奚外此
奎畫殿楹懸因文

乾隆帝御笔"奎画殿楹悬"纸屏

清乾隆（1736-1795）

纵 135 厘米　横 135 厘米

　　挂屏木骨包锦边框，上带铜质如意头倒环。屏心为乾隆帝御制诗《敬赋中正仁和》："奎画殿楹
悬，因文道以诠。养心奚外此，示后永无愆。律己盱宵慎，临民政化宣。守中惟不倚，居正要非偏。
仁则物皆育，和斯情毕联。分虽各具义，合是一承乾。清宴宁堪特，崇高益巩度。晨昏兹惕息，四字
奉尧传。"

　　诗句之后，又作出说明："中正仁和，皇考御书养心殿扁额也，日夕仰瞻，以为蒞政临民法则，
敬赋心存并示来许。"尾署"丙戌季春月上瀚御笔"。丙戌为乾隆三十一年（1766）。此屏可与养心
殿明间所悬雍正帝御笔"中正仁和"纸匾参看，显示了雍正、乾隆两代君王对于治道的孜孜以求。（黄剑）

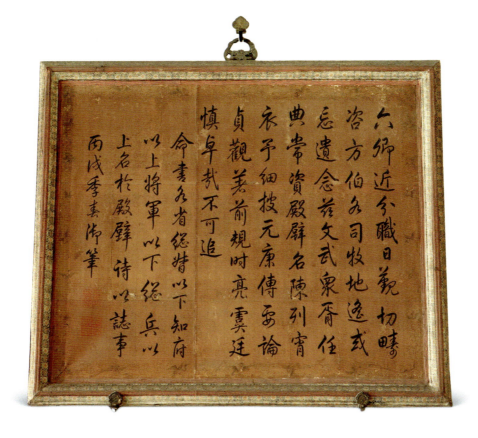

乾隆帝御笔"六卿近分职"纸屏

清乾隆（1736-1795）

纵 95 厘米　横 95 厘米

　　挂屏木骨包锦边框，上带铜质如意头倒环。屏心为乾隆御笔诗句："六卿近分职，日觐切晤咨。方伯各司牧，地遥或忘遗。念兹文武众，胥任典常资。殿壁名陈列，宵衣予细披。元康传要论，贞观着前规。时亮虞廷慎，卓哉不可追。"其后书："命书各省总督以下知府以上、将军以下总兵以上名于殿壁，诗以志事。"尾署"丙戌季春御笔"。丙戌为乾隆三十一年（1766）。

　　清代有引见制度，雍正以来，如在紫禁城内办公，往往在养心殿引见官员，为此皇帝命人将官员职名书于屏上，悬于壁间，以备随时斟酌人选，这种屏上书名的做法可以追溯到唐太宗时代。（黄剑）

白玉，质细光滑。呈圆角长方形，造型古拙，线条圆润。床面镂雕满布的云龙图案，层次分明，古朴而精雅。镂雕、深浅浮雕的技法纯熟，兼具皇家韵味和文人意趣。附木座。墨床又称墨架、墨台，是专门用来承搁未干墨锭的小案架。（赵桂玲）

白玉镂雕云龙椭圆式墨床
明
长 9.6 厘米　宽 4.2 厘米

乾隆款青玉蝶耳活环三足洗

清乾隆（1736-1795）

口径 18.5 厘米　宽 25 厘米　高 9.6 厘米　座高 2.5 厘米　通高 12.2 厘米

　　青玉。盆式，撇口，圆唇外卷。深腹，腹下斜收，略有弧度。腹外凸雕整枝菊花。两侧镂雕蝶耳套活环。下具三个垂云足，足下有隶书"乾隆年制"刻款。

　　洗是文房用具，清代使用更加广泛，造型题材繁多，制作材料也多样化。纹饰寓意吉祥，蝶为"喜"，环为"连"，寓意"喜事连连"，足之形也是祥云。这件玉笔洗既可以用来盛水，也可用作陈设欣赏。（赵桂玲）

乾隆款黄玉牛

清乾隆（1736-1795）

长 9.5 厘米　宽 5.5 厘米　高 6 厘米

　　此牛以黄玉雕刻制作。呈盘腿俯卧状，卧于紫檀木制底座之上，生动可爱，表现出祥和安宁之景。作者运用俏色手法将黄玉玉材枣红皮琢为牛头、牛臀。牛头面部刻画简单，圆眼注视前方，牛角弯于耳后，线条粗犷，但不失古朴之风。牛身通体均素，无线条刻画，反映了清代玉匠追求玉材质感的艺术风格。底座下方题有"乾隆御玩"款识。（杨立为）

带皮青玉巧作云龙纹洗

清

长 26 厘米　宽 22.5 厘米　通高 15 厘米

　　青玉，局部有皮。洗为不规则圆形，似依形而雕。敛口、中空，内壁光滑。外壁随形浮雕云龙纹，龙身则隐现于层层迭迭的云海之中。运用高浮雕技法雕琢而成，充满动感。下附海水纹紫檀木座。

　　清代玉文房器具中，笔洗的造型最为丰富，大多以水生植物和瓜果造型为主，以此来表现闲情逸致与风雅志趣。云龙纹洗并不多见，为宫廷御用器中难得的精品。（赵桂玲）

寿山石夔纹"亲贤爱民"章

清雍正（1723-1735）

边长 2.3 厘米　通高 4.4 厘米

　　寿山石光素方形玺，汉文篆书，顶部刻有夔纹。"亲贤爱民"一向是为君者所遵循的行为准则。明穆宗隆庆六年（1572），明代大学士张居正谏劝皇帝遵循祖制，不必纷更，但应以讲学、亲贤、爱民、节用为急务。明清易代后，清朝统治者继承了这一儒家思想，雍正帝不但刻有"敬天法祖""亲贤爱民"的宝玺，还于养心殿东暖阁御书圣训，首列"敬天法祖、勤政亲贤、爱民择吏、除暴安良"，作为自箴之言。（恽丽梅）

雍正款画珐琅牡丹纹双连盖罐

清雍正（1723-1735）

长 11 厘米　宽 6 厘米　通高 4 厘米　内口长 8 厘米　足长 8.6 厘米　足宽 3.3 厘米

　　黄色珐琅釉为地，两罐相连，罐腹饰粉红、蓝、白缠枝莲，莲瓣内釉色晕染，白色缠枝莲内还晕有间色，细腻精致。枝叶缠连规整有序，整体造型及装饰呈对称形式。属于外来技术的画珐琅工艺，由于雍正帝的喜爱与支持，其技术得到了更成熟的发展。此罐以双连造型呈现，寓意夫妻结为一体，又称"合欢"。在罐底有"雍正年制"四字楷书款。（邢娜）

雍正款蓝色玻璃光素直口瓶（一对）

清雍正（1723-1735）

口径 3 厘米　腹径 11 厘米　高 22.7 厘米　带座通高 26.5 厘米

　　瓶一对。直口、细长颈、球腹、足微外撇。通体光素无纹，仅在底心碾琢"雍正年制"款。玻璃瓶造型端正秀美，色泽深沉匀净，质地光滑细腻，是雍正朝造办处玻璃厂的杰作。雍正款玻璃器存世无多，即便在故宫博物院也仅有 21 件，绝大多数为单色玻璃。（展梦夏）

雍正款窑变釉灵芝式笔筒

清雍正（1723-1735）

高 11 厘米　长 8 厘米　宽 5 厘米

　　笔筒仿灵芝造型，口底相若，近足处旁出一小灵芝、圈足。通体施窑变釉色、釉色红蓝相间，极具美感。（高晓然）

寿山石夔纹平台纽 "勤政亲贤" 方印

清雍正（1723-1735）

边长 3.5 厘米　高 5.4 厘米

　　印为正方形，阳文篆字。夔龙纹图案纽，印纽雕刻简而精。雍正帝宝玺质地以寿山石居多，因康熙时期为寿山石开采和雕刻的鼎盛时期，雍正时期寿山石充足。雍正帝即位后以勤政亲贤为要旨，刻制了多方"勤政亲贤"、"雍正亲贤之宝"、"雍正尊亲之宝"、"亲贤爱民"等印。（恽丽梅）

红、绿头签

清

长 27.5 厘米　宽 3.5 厘米

　　清代王公或官员想觐见皇帝，首先要呈递写有官员姓名、官衔的竹制红、绿头签。因为是在皇帝进膳前呈递，所以又称"膳牌"。皇帝饭后看签，决定是否召见。一般宗室、王公用红头签，其他大臣用绿头签。红绿头签尺寸规格相同，唯签头上的颜色和书写的人名不同。

　　红头签：竹签头漆红色，下漆黄色。竹签一面墨书满文，另一面墨书汉文。现存红头签主要有"和硕醇亲王奕譞"等。

　　绿头签：竹签头漆绿色，下漆黄色。竹签一面墨书满文，另一面墨书汉文。现存绿头签主要有"乾清门行走上默特萨克固山贝子棍布礼布"、"乾清门侍卫副都统爱隆"、"乾清门头等侍卫载澍"等。（毛宪民）

红漆皮奏折匣

清

长 30 厘米　宽 15.5 厘米　高 6.5 厘米

　　奏折又称密折、折子，约产生于康熙二十年前后，是清代独有的一种官员呈递给皇帝的上行文书。皇帝一般于晚膳（下午 1 至 3 点）后开始批阅奏折。为加强对奏折的保密，雍正帝令内廷特制配备西洋钥匙的折匣，颁给每个具折人二至八个不等，专供封装递送奏折之用。折匣钥匙由皇帝和具折人分别执掌，他人无权开启。此奏折匣内附有两个钥匙袋，红色、黄色奏折纸。（许静）

青田异兽纽"为君难"章

清雍正（1723-1735）

通高 5.6 厘米　长 2.9 厘米　宽 1.8 厘米

　　印为异兽纽，阳文篆书。"为君难"出自《论语·子路》："为君难，为臣不易，如知为君之难也，不几乎一言而兴邦乎？"雍正帝之所以发"为君难"的感叹，与他的经历及时代背景有着密切的关系。雍正帝不仅把"为君难"制成匾额，还命人刻了多方印章，钤于御书及书画上，用以激励自己不要忘记作为一位皇帝的职责。（恽丽梅）

黄玉浮雕螭虎纹镇纸

清

长 17.2 厘米　宽 3.2 厘米　高 2.6 厘米

　　镇纸是一种传统的文房用具，最初的镇纸不是固定形状的，是一些古代文人将有一定分量的小型青铜器、玉器用来压书或压纸，后逐渐演化成各样式的文房用品，且材质也呈多样化。

　　此镇纸以黄玉雕琢而成，呈长方形，凸雕卧螭纹。螭纹雕刻质朴，身体修长而不失灵动之感。该镇纸除造型、纹饰、题材仿战国青铜器螭纹造型制作外，其玉质、雕工等均具有清代制玉风格。（杨立为）

窑变釉水丞

清乾隆（1736-1795）

腹径 6.4 厘米　底径 4 厘米　高 6 厘米　通高 7.8 厘米

　　水丞呈球形、小口、球形腹。器身施窑变釉，釉层饱满、莹润。附一玉匙，配木座。（王照宇）

黄色缎绣云水金龙纹方坐褥

清

长 160 厘米　宽 130 厘米　高 9 厘米

　　坐褥一般铺垫于座椅或是床炕上。制作时，它根据所需尺寸大小，以丝绵类堆絮填充至一定厚度后，外再包裹绸缎等丝织品制成。为了增加坐褥外表美观，褥面常用织绣不同图案纹饰的绸缎做外套。制作完成的坐褥，铺垫于炕上或床上，起到舒适、柔软、减震、保暖作用。这件褥面为黄色缎质地，绣云水金龙纹饰，与靠垫配套使用。（仇泰格）

黄色缎绣金龙云纹迎手（一对）

清

长 33 厘米　宽 31 厘米　高 20 厘米

　　宫廷中的迎手功能大体一致，只是宫廷使用材料不同，通过能工巧匠
精细制作，才使得宫内迎手实用、美观。这对迎手外包为黄色缎质地，上
面织金缎绣有云龙纹。（仇泰格）

第四单元

寄情翰墨

　　清朝的最高统治者，特别是康熙、雍正、乾隆三帝都重视对汉文化的学习。乾隆帝更是其中的佼佼者，他天资聪颖，好古敏求，从小在福敏、朱轼、蔡世远三位帝师名儒的教导下，培养出深厚的人文素养。乾隆皇帝留下的诗文，数量最多，题材丰富。他还广罗历代及当代名家书画，品鉴、摹习。

　　三希堂皇帝的雅室

　　三希堂原名"温室"，是乾隆帝的书房，其中陈设自乾隆至今仍保持原貌。关于堂名的由来，乾隆曾在《三希堂记》中指出："内府秘笈王羲之《快雪帖》、王献之《中秋帖》，近又得王珣《伯远帖》，皆希世之珍也。因就养心殿温室，易其名曰"三希堂"以藏之。"乾隆帝在三希堂以及与三希堂有关的大量文化活动，既有裨益于治道，亦陶冶情性，是其"稽古右文"的文化政策与儒雅之风的集中体现。

乾隆帝御笔"三希堂"纸匾

清乾隆（1736-1795）

纸本

纵 27 厘米　横 49.5 厘米

　　纸匾四周围以木框，于云龙纹笺纸上墨笔书写"三希堂"三个大字，正中钤"乾隆御笔"印一枚。用笔遒劲，结体秀媚，意趣飘逸。据匾后字条记载，此匾悬挂于三希堂"南床罩内东墙上向西"。

　　三希堂位于紫禁城养心殿西暖阁，因贮王羲之《快雪时晴帖》、王献之《中秋帖》及王珣《伯远帖》而得名。《国朝宫史》载："内府秘笈，王羲之《快雪帖》、王献之《中秋帖》，乾隆十一年又得王珣《伯远帖》，皆希世之珍也。因就养心殿温室易其名曰'三希堂'以藏之。"乾隆十一年为1746年，"三希堂"的命名开启了乾隆时期以书画名室的先河。（郝炎峰）

乾隆帝御笔五言字对联贴落

清乾隆（1736—1795）

纸本

纵 84.3 厘米　横 13 厘米

　　此联是弘历专为"三希堂"所作。"怀抱观古今"出自南北朝谢灵运《斋中读书诗》，"深心托豪素"出自南朝颜延之《五君咏·向常侍》。对联意境幽深，洒脱清隽，将弘历俯仰古今、寄情翰墨的雅趣逸兴表现得淋漓尽致，与所处环境氛围十分协调。此外，对联以仄声结尾，较为少见。上联迎首钤朱文长方印"奉三无私"，下联钤白文方印"所宝惟贤"和朱文方印"乾隆御笔"。（王喆）

紫檀木卷书式炕几

清

长 73 厘米　宽 31.5 厘米　高 32 厘米

　　炕几紫檀木材质，卷书式板足，足端内卷。几面侧缘中部雕卷草花纹一道，并延及板足侧缘，板足侧面委角方形开光中透雕宝相花纹。全器雕饰有度，透雕宝相花纹卷转无尽，刻画精彩，与面板侧缘雕花相呼应。精彩雕饰与天然纹理的成功结合，正是此件炕几值得品味之处。（黄剑）

紫檀木双层炕几

清

长 90 厘米　宽 30 厘米　高 44 厘米

　　炕几紫檀木材质，几面及搁板皆格角攒框平镶板心，侧面边缘做出混面，四腿圆材直落到地。此几造型秀丽文雅，全器不用纹饰，打磨光滑，抚之如玉，充分展示出紫檀木天然的纹理与质感之美，其双层造型在炕几中亦比较少见。（黄剑）

白玉笔架

清

长 14 厘米　宽 5 厘米　高 8 厘米

　　白玉带黄褐斑。笔架作五峰式，作者巧妙地把黄褐斑设计到峰顶，好似阳光初照在山尖，五峰下面则用简单线条勾勒出群山起伏的状态，整体设计颇有新意。

　　笔架为古代文房用具，为古人书画时临时架置笔的器物。后发展为文人书房的雅玩。笔架材质多样，常见有瓷、铜、玉、木、水晶、珐琅等多种，其式样也有多种，其中三峰式、五峰式最为常见。（张林杰）

青玉雕松竹梅管笔

清

通长 25 厘米　直径 2 厘米　笔帽长 10 厘米

　　笔帽及笔管青玉质，管上浮环雕松竹梅纹，两端分别阴刻回纹为衬。微磕。笔管前端较细，中空，纳褐色笔毫，毛翘。此笔当为清代宫廷造办处制作，集玉雕与制笔工艺一体，制作较为精美，是比较典型的清代玉管毛笔。（林欢）

青玉管笔

清

通长 23 厘米　直径 1 厘米　笔帽长 8.5 厘米

　　笔管为青玉质，质地尚可。通体光素无花纹，质莹润，色和谐，突出了玉材的自然之美。
清代文房用品中，笔管的质地很多，有漆、竹、木、象牙、珐琅、玉等。玉管笔中有光素和雕
刻纹饰之分。此件玉笔管虽未雕刻任何纹饰，但玉质上佳，打磨光滑，亦是非常精致的文房用
具之一。（林欢）

青玉乾隆御笔三希堂记册

清乾隆（1736-1795）

长 22.6 厘米　宽 10.4 厘米　厚 6.4 厘米

　　青玉质，共十片，配有雕龙填金木匣。三希堂在养心殿西暖阁梢间内一小室，原为温室，乾隆时期因藏晋代大书法家王羲之《快雪时晴帖》、王献之《中秋帖》和王珣《伯远帖》三件稀世珍宝而题名为"三希堂"，乾隆皇帝为此还撰写了御制诗文《三希堂记》，载于其《御制文初集》卷四。（魏晨）

白玉首纽 "三希堂精鉴玺"

清嘉庆（1796-1820）

通高4.2厘米 长4.4厘米 宽2.3厘米

　　"三希堂精鉴玺"，白玉，兽纽，阳文，和青玉蟠螭纽"宜子孙"玺、"嘉庆鉴赏"印一起在《石渠宝笈》、《秘殿珠林》三编上钤用。嘉庆帝这套印是仿乾隆印，尺寸稍大，镌刻略有不同。

　　乾隆帝"三希堂精鉴玺"为青玉螭纽、阳文，与汉玉瓦纽阴文"宜子孙"玺及"乾隆鉴赏"一起在《石渠宝笈》、《秘殿珠林》初、续编上钤用。（魏晨）

乾隆帝御题褐斑白玉浮雕"九松图"插屏

清乾隆（1736-1795）

高 17 厘米　长 9.8 厘米　宽 6.8 厘米

　　本品插屏由褐斑白玉浮雕而成，上浮雕寓意长寿的"九松图"。苍松生于山岩之缝隙，古松苍劲挺拔，干枝弯曲，松根裸露而且盘根错节，松下山岩栉比，构图和谐，有古树临风之感。作者根据白玉上的褐斑分布，巧妙地以明暗渲染出立体感，层次分明，造型准确，质感逼真。插屏配一紫檀木座，整体端庄厚重，给人以安宁祥和之古味。

　　古人常以"九松"、"九鱼"、"九鹤"等寓意长寿，"九"有长久之意，"松"、"鱼"、"鹤"等皆是长寿吉祥的象征，拜寿时往往恭祝长者"寿比南山不老松"、"福如东海长流水"等吉祥用语。插屏则是传统工艺品，常用于几案上陈设，初用为隔离，后来变成一道装饰为主的风景。插屏早期是固定不能拆分的，明清以后变得可以分体，本品插屏与木座可拆可合，便于使用装饰。（杨立为）

昌化石"乾隆宸翰"方印

清乾隆（1736—1795）

边长 8.4 厘米　高 15.8 厘米

　　印为昌化石随形雕鸳鸯荷花，印文"乾隆宸翰"阳文。此印通体青黄色，中有血斑，随形雕鸳鸯荷花，使整个印章四面非常紧凑。此印将昌化石的色彩与西湖的美景相结合，篆刻刀工圆润、流畅，是一件很好的工艺品，深得乾隆帝的喜爱。（恽丽梅）

白玉福寿吉祥如意

清
长 38.3 厘米　宽 12.2 厘米　高 8 厘米

　　如意以一整块和田白玉雕琢而成，玉质温润细腻。如意头部浮雕蝙蝠寿桃，柄身浮雕"吉祥如意"四字。附丝穗，已残断。如意是中华文化中特有的一种器物，其名称来源于古之人手形爪杖，如人之意，因名称一语双关、富含吉祥，如意逐渐溢出了搔背的功能，成为纯粹象征各种美好愿望的艺术欣赏品。

　　如意在清代成为宫中的重要陈设品和礼品，被视为祥瑞祈福之器，多放置在宝座和寝室的几案上，供皇帝和后妃玩赏。每当皇帝即位、帝后生日和重大节日，王公大臣们总要向帝后敬献如意，恭祝吉祥如意，皇帝有时也赏赐给大臣们如意。(徐琳)

青玉莲蓬式香插

清

盘径 11.2 厘米　盘高 2.9 厘米　通高 11 厘米

　　青玉。盘式，有一俯仰式莲心安于其中。下俯长柄座。造型独持，做工精巧。附木座。宋代丁谓所著《天香传》云："香之为用，从上古矣。所以奉神明，可以达蠲洁。"香插是用于插放线香的带有插孔的基座，可方便人们用香来供奉神明、辟秽和清洁。清代宫廷香插也很流行，材料虽多种多样，但因莲蓬天生具有特殊的孔眼，故香插多借用其形。如雍正时期的瓷质莲蓬式香插等。（赵桂玲）

乾隆帝御题"瑞石古洞"青玉山子

清乾隆（1736—1795）

高 20.6 厘米　宽 19.1 厘米　厚 8.1 厘米

　　青玉质玉山，依青玉材质，随形精巧雕琢山石古洞形。呈山峦叠翠，具高山流水之感。玉山正中琢一方形古洞，洞内与顶部山石缝隙巧雕而成"一线天"之景。在古洞上眉镌刻"瑞石古洞"四字，左上方山石留白处，镌刻乾隆帝御题"石洞真看以不齐……"五十六字及再游瑞石洞览有作字样。山子配一紫檀木座，木座依山势雕有层峦嶙岩，古木苍松，形成立体万变之感。

　　此玉山雕刻所描绘之景，取材于今浙江杭州吴山东南的紫阳山。紫阳山旧名瑞石山，海拔近百米，山上多奇岩、怪石、穴窦，南宋时划为禁山，元代山上建紫阳庵，始名紫阳山。南宋以来山上颇多胜迹，清咸丰末年因战乱而遭严重损坏，其中部分幸存至今，现有瑞石古洞、飞来石、蟾蜍石等景观。（杨立为）

白玉碧玉围棋子

清

棋子：最大径 1.5 厘米　最小径 1.3 厘米

棋盒：高 7.5 厘米　直径 6.5 厘米

　　白玉、碧玉。造型圆润，晶莹剔透。棋子总计 371 颗，直径均在 1.3 厘米与 1.5 厘米之间，其中白玉子 185 枚、碧玉子 186 枚。配以精致的描金漆盒，外罩布匣。弥足珍贵。

　　围棋的起源很早，至清代乾隆中期，中国围棋艺术发展到了前所未有的鼎盛时期，名手辈出，各领风骚。宫中爱好围棋者，也不乏其人，康、乾二位皇帝便是首当其冲。由于帝王本身的参与，宫廷中围棋之风日盛。（赵桂玲）

青白玉麒麟吐书鹤鹿图山子

清乾隆（1736－1795）

长 11.5 厘米　宽 5.2 厘米　高 6.9 厘米

　　玉山利用和田青白玉籽料雕琢而成，并巧妙地利用籽料褐色外皮巧雕祥云和绳索系缚的
书籍。整器采用镂雕的技法雕成玲珑山石，山子一面浮雕俯卧的麒麟，仰头口吐祥云，另一
面浮雕卧鹿、立鹤、瑞龟。表面抛光润泽，光滑。

　　清代小型玉雕山子常常以祥瑞题材入画，麒麟为送子瑞兽，麒麟吐玉书，寓意早生贵子，
也有祥瑞降临之意。龟、鹤在古人眼中均为长寿之物，人们常以龟鹤遐龄比喻长寿。而鹤又
为仙禽，鹿为瑞兽，鹤鹿同春也为传统吉祥图案，寓意天下皆春，万物欣欣向荣。（徐琳）

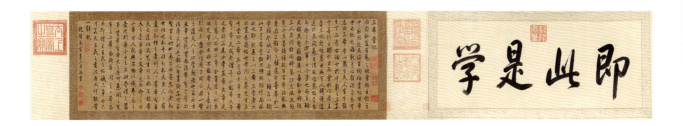

弘历行书三希堂记卷

清乾隆

纵 30.3 厘米　横 91.2 厘米

　　外签题"御笔三希堂记"。本幅书三希堂记，叙述三希堂命名缘由及意义。款署："乾隆丙寅春三月御笔"，钤"乾"（朱文圆印）"隆"（朱文方印）"几暇临池"（白文方印）。鉴藏印："石渠宝笈所藏""五福五代堂古稀天子宝""八徵耄念之宝""太上皇帝之宝"等。

　　此卷作于乾隆十一年（1746），是年，弘历得王珣《伯远帖》，故将养心殿温室易名为"三希堂"。全卷笔法自然流畅，结体娴熟圆劲。

　　作品以"倪仁裹进"藏经纸书之。弘历御笔书法用纸多为清宫特制，做工精良，品类繁多，此件用纸与"金粟山藏经纸""乾隆年仿金粟山藏经纸"等同为乾隆时期名贵纸张之一种。此卷钤有"石渠宝笈所藏"印，但未经《石渠宝笈》著录。（张彬）

弘历草书临王羲之时事等七贴册

清乾隆（1736-1795）

六开 12 页，每页纵 22.5 厘米　横 9.9 厘米

　　此册为弘历临写《淳化阁帖》中所收王羲之书法七种，分别是《时事帖》《昨故遗书帖》《丹杨帖》《择药帖》《飞白帖》《安西帖》《如兄子帖》。据款署书于丙子，即乾隆二十一年（1756）。弘历自幼学习书法，遍临前代各家名迹，对王羲之书法临习尤勤，此册是其中年所书，草法纯熟，显然是其对王羲之各帖反复临写的结果，其中所临内容与原文稍有出入。此册著录于《石渠宝笈续编》瀛台。

　　释文："足下时事少，可数来。主人相必寻，下官吏不东西，未委。若为言叙乖，足下不返，重遣信往问，愿知心素。羲之白，昨故遗书，当不相遇，知君还，喜慰。足下时行，想今善除，犹耿耿。仆时行以十一日而不除，如比日便成委顿。今日犹当小胜，不知能转佳不积不？卿至劣劣，力还不具。王羲之。知比得丹杨书，甚慰。乖离之叹当复可言，寻答其书。足下反事复行，便为索然，不可言。此亦分耳，迟面具。乡里人择药有发梦而得此药者，足下岂识之不？乃云服之令人仙，不知谁试者。形色故小异，莫即尝见者，谢二侯。飞白不能乃佳，意乃笃好，此书至难，或作复与卿。一昨得安西六日书，无他，无所知，故不复付送。让都督表亦复常言耳。如兄子书道嵩田必果，今复与书督之。丙子长至御临。"钤印："乾、隆"（朱白方联珠印）鉴藏印："石渠宝笈所藏"（朱方）、"春耦斋"。（王琪）

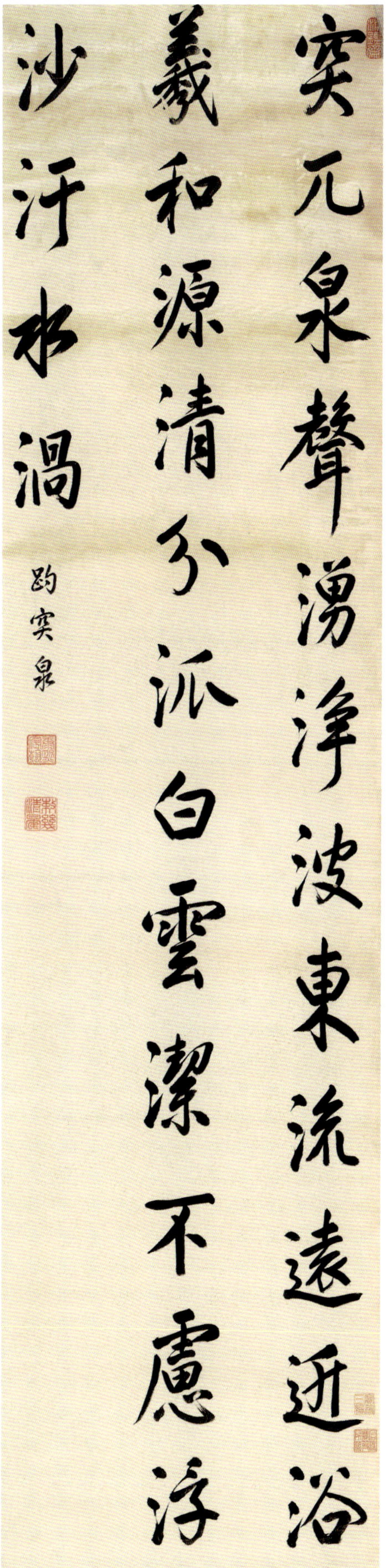

突兀泉聲滉淨波東流遠迊浴

羲和源清分派白雲潔不慮浮

沙汙水渦

趵突泉

玄烨行书趵突泉诗轴

清康熙

纵 224 厘米　横 27 厘米

　　此轴为玄烨所书《趵突泉》七言诗，未题年款，但据康熙《御制诗文集》记载，此诗作于康熙四十二年癸未（1703）第四次南巡途经济南府期间，则此轴书法亦应写于这个时候。此时玄烨四十九岁，在继承董其昌书法风格的基础上，已形成自己端正沉稳的特点。此轴著录于《石渠宝笈三编》乾清宫。

　　释文："突兀泉声涌净波，东流远近浴羲和。源清分派白云洁，不慮浮沙污水涡。趵突泉。"钤印："渊鉴斋"（白方引首印）、"康熙宸翰"（朱方）、"敕几清晏"（白方）。鉴藏印："宝笈三编"（朱方）、"石渠宝笈所藏"（朱方）。

　　（郁文涛）

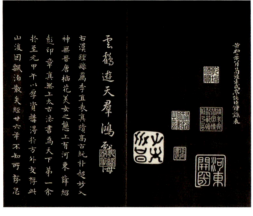

《快雪时晴帖》

清

一开：横 35.2 厘米　纵 30.2 厘米

　　该帖刻于《三希堂法帖》第一卷，单帖名为楷书"晋王羲之书快雪时晴帖"。并附赵孟頫、刘承禧、王穉登、汪道会、文震亨、吴廷等人的刻跋。赵孟頫称："东晋至今近千年，书迹传流至今者绝不可得。《快雪时晴帖》晋王羲之书，历代宝藏者也。刻本有之。今乃得见其真迹，臣不胜欣幸之至。"乾隆评价《快雪时晴帖》为"龙跳天门，虎卧凤阁"。

　　《三希堂法帖》底本《快雪时晴帖》墨迹，现藏于台北故宫博物院，启功先生等认为是唐摹本。《快雪时晴帖》是晋朝书法家王羲之以行书写成的一封书札，"羲之顿首：快雪时晴，佳。想安善。未果为结，力不次。王羲之顿首。山阴张侯。"共 28 字，叙述了王羲之在大雪初晴时的愉快心情及对亲朋的问候。

　　《三希堂法帖》，全名《御刻三希堂石渠宝笈法帖》，三十二卷，清乾隆十五年梁诗正等人编集，宋璋等人摹刻。从校勘精选出的数种秘府藏历代书法真迹中择优编次摹勒上石而成，采自魏晋至明历朝法书。法帖原石嵌于北京北海公园阅古楼内。因帖中有被乾隆视为三件稀世之宝的书法，即《快雪时晴帖》《中秋帖》和《伯远帖》，三件稀世之宝同贮于故宫养心殿内，名其室为"三希堂"，以示这三件作品的稀有和珍贵。因《御刻三希堂石渠宝笈法帖》中含有这三件稀世之宝，故以"三希"命名。（黄爱民）

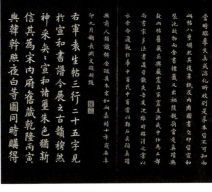

《中秋帖》
《伯远帖》

清

一开：横 35.2 厘米　纵 30.2 厘米

　　中秋帖刻于《三希堂法帖》第二卷，单帖名为楷书"晋王献之书中秋帖"。现存 22 字，全文为："中秋不复不得相、还为即甚省如、何然胜人何庆、等大军。"无署款。附董其昌、张怀瓘、乾隆题跋。《三希堂法帖》底本《中秋帖》墨迹，现藏于北京故宫博物院，一般等认为是宋米芾所书。

　　伯远帖也刻于《三希堂法帖》第二卷，单帖名为楷书"晋王珣书伯远"。是王珣给亲友伯远书写的一封信，原文："珣顿首顿首，伯远胜业情期群从之宝。自以羸患，志在优游。始获此出意不克申、分别如昨永为畴古。远隔岭峤，不相瞻临。"共 47 字。后附董其昌、王肯堂、乾隆题跋。《三希堂法帖》底本《伯远帖》是晋王珣书法真迹。现藏北京故宫博物院。

　　《三希堂法帖》，全名《御刻三希堂石渠宝笈法帖》，三十二卷，清乾隆十五年梁诗正等人编集，宋璋等人摹刻，采自魏晋至明历朝法书。（许国平）

弘历岱庙汉柏图轴

清乾隆（1736-1795）

纵 293.5 厘米　横 122 厘米

　　本幅为乾隆皇帝第三次南巡（1762）时途经泰山，绘岱庙西北隅汉柏一株，苍古葱郁，直接霄汉。据汉《郡国志》载，岱庙汉柏为汉武帝登封泰山时所植。

　　上诗塘处以柳叶篆书："御笔汉柏诗图"。画心右上行书题诗并记曰："遥望嵩山结昆伸，近临西院是云仍。大椿岁月犹虚拟，万古塽垣永瑞凝；岱庙东院汉柏六株，森郁庭宇，信数千年神物。其西北隅一株尤为轮囷奇古，壬午初夏南巡回跸经此，默识其状，以归毡庐，清暇点笔成图，并系短句，御笔。"乾隆皇帝一生十余次登临泰山，留下一百三十余首诗文，其中六首为汉柏诗，此为其一，见于《清高御制诗文全集》。下钤"乾隆辰翰"（朱文）、"几暇怡情"（白文）印。右另钤"石渠宝笈所藏"（朱文）、"搞藻为春"（白文）、"烟云舒卷"（白文）、"意在笔先"（朱文）、"宣统尊亲之宝"（朱文）印。

　　《石渠宝笈续编》著其贮宁寿宫。（蒋彤）

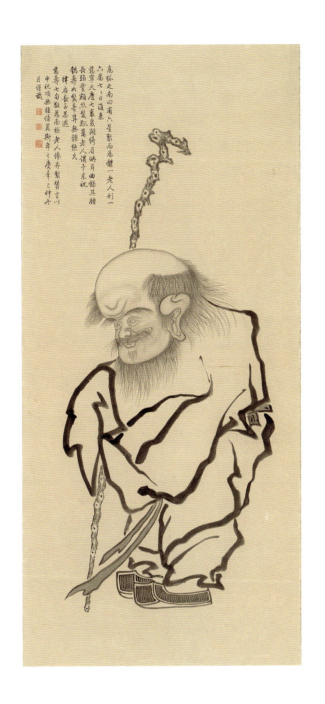

弘历珠躔朗曜寿星轴

清乾隆

纵 91.5 厘米　横 42 厘米

　　本幅有乾隆帝自识："高弧之南，曰有六星，聚而为体，一老人形。一六为七，七日复来，慈宁大庆，七袠爰开，绮眉聃耳，曲录其腰，长头丰额，丝发飘萧。老人谓予，来祝懿寿，如发寿算，无疆悠久。律应长至，恭遇慈寿七旬，敬为南极老人像并制赞言，以申祝颂无疆、亿万斯年之庆。辛巳仲冬月谨识。"钤"几暇怡情"白方、"得佳趣"白方、"乾隆宸翰"朱方印。

　　此图作于乾隆二十六年（1761 年）十一月，乃弘历为其母崇庆皇太后所绘，以此恭祝母亲七旬寿诞。弘历（1711-1799），清高宗纯皇帝，爱新觉罗氏，好笔墨，擅山水、花鸟、人物。图中所绘南极老人即南极仙翁，也即寿星，多用于庆祝长者寿庆。画中的寿星高额大耳，手持长杖，侧面而立，人物造型风趣夸张。（邢陆楠）

（正面）

（反面）

白檀边座青金石刻花卉图插屏

清

长 19.5 厘米　宽 8 厘米　高 17.5 厘米

　　插屏檀香木材质，两件成对。屏框雕拐子纹，屏心以催生石（青金石的一种）阴刻填金为饰，一件正面为修竹图，背面为临摹王羲之《清晏帖》；另一件正面为兰花图，背面为临摹王羲之《省飞白帖》，其所据蓝本皆为乾隆帝御笔写、画。站牙、披水牙、屏座、足墩皆雕拐子纹，绦环板透雕五出如意头。檀香木多用于制作小件器物，清宫档案中又有黄檀香、白檀香之名，此件应为白檀香所制。此屏用御笔书画为饰，制作精细、色彩明丽，趣味雅致。（黄剑）

乾隆款白玉圭

清乾隆（1736-1795）

镇圭：长23.3厘米　宽6厘米　厚1.2厘米

介圭：长23.3厘米　宽6厘米　厚1.2厘米

盒：长29厘米　宽12.2厘米　高15厘米

　　玉圭均白玉质，共装于一紫檀木盒内。每柄玉圭均尖角，长短不同，一面阴刻金文不同圭的名称，一面浅浮雕与不同玉圭相配的各式花纹，两侧边缘分别阴刻楷书"大清乾隆年制"款及各圭名称。盒盖中央填金楷书"瑞符蕴采"四字，四周阴刻填金云龙纹。

　　紫檀木盒四周阴刻填金楷书乾隆三十八年（1773）所作御制文："五瑞五玉之名，肇于《虞书》。《周礼·春官·典瑞》辨其名物与其用，事服饰而渠眉邸射，诸制始详。《考工记·玉人》审诸圭尺寸之度：镇圭、介圭均长尺二寸，珠圭长八寸，琬圭长九寸，谷圭、躬圭均长七寸。以周尺计算，一尺为今六寸，凡全半厚薄之式益备。盖古者朝聘祭祀无不以玉行礼，而圭有洁义，人君比德于玉。颂者曰：'如圭如璋，诚以温润方正，象取诸此。'后世符玺册之制兴，而圭制渐失。予博稽旧典，见镇、介、珠、琬、谷、躬六圭，其图式虽存，而流传久缺，夫有其图而无其器，镜古者懵焉，且镇圭以朝日、介圭诸侯以作宝入觐，珠圭以覜聘，琬圭以易行、以除慝，谷圭以和难、以聘女，躬圭则为伯之守圭，是皆圭之重者。钦其宝，弗备其器可乎？向曾依图式为六圭，但以限于材，尺寸未能悉合。今西域通道，和阗臣璞，岁致京师，因择其合尺度者，琢为六瑞，椟而合藏之。既征地产菁英，式昭备物，而古人遗意亦籍此以考见，则虽谓三代法物，至今存可也。"后有"乾隆癸巳孟夏月御识"及填红阴刻"乾"字圆章、"隆"字方章。

　　玉圭原是古代重要的祭祀礼仪用玉，后和玉璧一起逐渐演变成为最主要的瑞器，作为觐见、朝会、缴祀之礼，是符信的凭证。乾隆帝依古代典籍命人制作六圭，恢复上古六瑞玉圭，放置养心殿三希堂内，显示了其对中华上古三代文化的崇敬之情。（徐琳）

乾隆帝御题白玉云龙纹三镶冠架

清乾隆（1736-1795）

高 30 厘米　直径 19 厘米

　　整器以硬木镶玉插接而成，中间以一铁轴贯穿。在冠顶、挺中鼓肚及硬木鼓形座上镶嵌三块白玉，均深浮雕云龙纹，或两龙在云中相戏，或一龙在云间穿梭。龙双眼凸出、张口露齿，阔鼻、两长须，双角，发须多且长，五爪，火焰形尾，极富动感与气势。

　　器座及挺木质，分三段，均委角开光，内嵌银丝乾隆帝御题诗句四首及相应花卉，四首诗均为乾隆十五年（1750，庚午）所作《秋英十咏》中的四种花卉诗。

　　上挺为《金钱》诗："应嗤榆荚欠风流，棱郭圆成买断秋。王衍便教嫌阿堵，可能对此不回眸。"后有"御题"及嵌金丝双印："古香""太王卜"。

　　下挺开光内为《玉簪》诗："砌头墙角自婆娑，瑟瑟金风清馥过。底事月明难辨色，盛鬏斜堕自嫦娥。"后有"御题"及嵌金丝双印"乾""隆"。

　　鼓形底座间以花卉及诗文。《鸡冠》："浓艳当秋别作春，笼烟泫露自精神。笑他缝帻标名字，茅店何曾解报晨。"《秋葵》："闻道秋葵解向阳，缘阶何限仰阳光。若非普照无私德，朵朵分光也太忙。"两诗后面均有嵌银丝"御题"二字，并分别嵌金丝方章"比德"及"朗润"。在四个开光之间，分别嵌金丝篆书"乾隆御用"四字。

　　冠架为清代放帽之架，这种小冠架多放于书房之中，也可做陈设品，一器上篆刻如此多的御制诗更添文房雅玩之趣。（徐琳）

带皮青玉螭纹龙首觥

明

高 17.3 厘米　口径 7.8×10.4 厘米

　　青玉，局部带皮。器横切面为扁圆形，器腹逐渐向下斜收。口缘前高后低，侧看呈优美的 S 形弧线。螭龙攀附于一侧为鋬手。

　　器形仿自商周的一种青铜酒器觥。运用独到的艺术手法，进行适度的夸张变形，颇为传神。纹饰制作也非常精美，使整器神宗气足，充满了一种独特的艺术魅力。（赵桂玲）

乾隆款金地粉彩开光诗句花卉纹壁瓶

清乾隆（1736-1795）

通高 19.8 厘米　宽 10.2 厘米　厚 5 厘米

　　壁瓶呈半面葫芦式，小口，束颈，半圆形圈足。背部平坦，四周有细小的支钉痕，中心处有用于悬挂的长方形凹槽及上下 4 个圆孔。里施松石绿釉，通体施粉彩，正面粉地上彩绘云蝠、花卉纹。上下两腹各有一圆形金彩开光，上部开光内白地彩绘花卉纹，下腹开光内白地墨彩行书乾隆三十一年御制诗《咏瓷挂瓶》："依然胆槌式，却异汝官珍。动擎路塞秀，静悬屋盎春。制惟日趋巧，道不易还淳。红紫随时阅，何曾著点尘。"诗后钤"乾""隆"两方红彩印章。底施松石绿釉，红彩书"乾隆年制"四字篆书横款。瓷质葫芦瓶自宋代龙泉窑出现以来，一直延续至清代。乾隆时期葫芦式壁瓶釉彩十分丰富，制作精美，寓意吉祥。（高晓然）

乾隆款金地粉彩开光诗句花卉纹壁瓶

清乾隆（1736-1795）

通高 19.8 厘米　宽 10.2 厘米　厚 5 厘米

　　壁瓶呈半面葫芦式，小口，束颈，半圆形圈足。背部平坦，四周有细小的支钉痕，中心处有用于悬挂的长方形凹槽及上下4个圆孔。里施松石绿釉，通体施粉彩，正面粉地上彩绘云蝠、花卉纹。上下两腹各有一圆形金彩开光，上部开光内白地彩绘花卉纹，下腹开光内白地墨彩行书乾隆御制诗《咏瓷挂瓶》："无碍风尘远路，栽将齐鲁方春。本是大邑雅制，却为武帐嘉实。宿两朝炯与润，山花野卉常新。每具过不留意，侣解无能所因。"诗后钤"乾""隆"两方红彩印章。底施松石绿釉，红彩书"乾隆年制"四字篆书横款。瓷质葫芦瓶自宋代龙泉窑出现以来，一直延续至清代。乾隆时期葫芦式壁瓶釉彩十分丰富，制作精美，寓意吉祥。（高晓然）

乾隆款绿地粉彩花卉纹壁瓶（一对）

清乾隆（1736-1795）
通高 21.2 厘米　腹宽 9.4 厘米

　　壁瓶小口、束颈、瓜棱式腹，下连仿木座、半圆形圈足。背部平坦，四周有细小的支钉痕，中心处有用于悬挂的长方形凹槽及上下 4 个圆孔。通体施松石绿釉，上以粉彩、金彩绘花卉纹。底施仿木釉，金彩书"大清乾隆年制"六字篆文款。（高晓然）

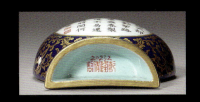

乾隆款祭蓝地描金开光粉彩花卉诗句图壁瓶

清乾隆（1736-1795）

高 21.2 厘米　口径 4.8 厘米　腹宽 11 厘米

　　壁瓶中半体葫芦式，小口，束颈，半圆形圈足。背部平坦，四周小支钉痕饰描金朵花纹，中间及近足处有用于悬挂的长方形凹槽及圆孔。里施松石绿釉，外壁通体祭蓝釉描金装饰。上下葫芦各有一圆形开光，上面开光内白地彩绘折枝牡丹纹；下面开光内白地墨彩书乾隆御制诗《咏瓷挂瓶》："依然胆槌式，却异汝官珍。动擘路搴秀，静悬屋盎春。制惟日趋巧，道不易还淳。红紫随时阅，何曾著点尘。"诗后钤"乾""隆"两方红彩印章。底施松石绿釉，红彩书"乾隆年制"四字篆书横款。以祭蓝釉描金装饰瓷器画面在乾隆朝比较常见，祭蓝釉深沉，金彩光亮，纹饰布局有序，绘画一丝不苟。

（高晓然）

乾隆款黄地粉彩夔凤纹开光诗句双耳壁瓶

清乾隆（1736—1795）

高 21 厘米 腹宽 10 厘米

　　壁瓶小口、束颈、颈部对称饰螭龙耳、硕腹，下连仿木座、半圆形圈足。背部平坦，四周有细小的支钉痕，中心处有用于悬挂的长方形凹槽及上下 4 个圆孔。通体黄釉轧道，正面彩绘纹饰，口部近胫部分别以青花绘回纹、蕉叶纹。腹部主题图案以粉彩彩夔凤纹及缠枝莲纹。底施仿木釉，金彩书"大清乾隆年制"六字篆文款。

　　壁瓶装饰纹样，均按宫中如意馆画样制作而成，不能随意更改。主要纹饰多见以缠枝宝相花为主体加饰蝙蝠、夔凤、八吉祥等图案，不仅寓意吉祥，同时也体现出乾隆时期御用瓷器的装饰特色。（高晓然）

乾隆款绿釉弦纹壁瓶

清乾隆（1736-1795）

高 28 厘米　口径 5 厘米　腹宽 15 厘米

　　壁瓶呈半体瓶式、小口、细颈、硕腹，下连仿木座。通体施绿釉，颈部及上腹部凸饰七道弦纹。底施仿木纹釉，金彩书"大清乾隆年制"六字篆文款。

　　乾隆壁瓶釉彩极为丰富，几乎涵盖了各个历史时期瓷器釉彩品种，但以单一绿釉装饰壁瓶却极为少见。壁瓶釉色纯净、色调清新。（高晓然）

乾隆御制款青白玉笔筒

清乾隆（1736-1795）

高 14.6 厘米　口径 12.4 厘米

　　青白玉质，温润，玉中稍有些黑斑。筒壁减地浮雕松竹梅岁寒三友及寿山福海图，天空中蝙蝠口衔灵芝、寿桃，瑞意献寿。器体抛光精致。底圈足，中心方框篆书"乾隆御制"款。

　　因笔筒筒身面积较大，又为文房用具，明清玉质笔筒常雕琢吉祥如意、君子高士和山水人物题材的画意，在上面施以各种高浮雕、浅浮雕、镂雕工艺，立体感增强，似一幅卷起来的玉图画，诗情画意，不仅为实用器，亦可做案头陈设，可玩可赏。（徐琳）

乾隆款碧玉光素碗

清乾隆（1736-1795）
口径8.3厘米　通高8厘米

　　碧玉质，玉色暗沉。碗光素、壁薄、口沿外撇。器底部阴刻"乾隆年制"款。

　　在清代宫廷陈设器中，玉碗是常见之物。乾隆帝十分喜爱制作玉碗，除大宴桌上需要的具有日常实用性质的玉碗外，还常常选用不同颜色的和田玉料制作一些陈设用玉碗，其制作的目的在乾隆所作的一首《咏玉碗》的御制诗中有所体现，诗曰："昆冈孕瑞产精瑜，岁以为常贡外区。作器真看凝素液，宜人惟是发华腴。抚辰用惕民犹水，取象宛呈震仰盂。大白从来凛戒旨，赐茶广殿乃时须。"百姓为水，水能载舟，亦能覆舟，以碗盛水，时刻提醒帝王对百姓要存安抚关爱之心，这应该是乾隆帝常常以玉碗做陈设器的真实用意。（徐琳）

乾隆款碧玉天鸡尊

清乾隆（1736-1795）

口径 2.3×4 厘米　底经 5.5 厘米　高 15 厘米

　　碧玉质，玉中黑斑较多。以圆雕技法雕琢两只俯卧的天鸡，背部共驮一瓶形尊，尊单柄螭龙耳，腹部光素，颈部饰蕉叶纹。

　　天鸡为神话传说中的神鸟，《玄中记》记载："东南有桃都山，上有大树，名曰桃都。枝相去三千里。上有一天鸡，日初出，光照此木，天鸡则鸣，群鸡皆随之鸣。"在古代流传有"天鸡星动，当有赦"的说法，所以天鸡也具有了体现皇恩浩荡的意味。清代宫廷就曾收藏并仿制了一批以"天鸡"造型的仿古玉器，这批仿古玉器选材多样，制作精良，多陈设于宫廷各处。（徐琳）

黄色江绸绣勾莲纹靠背

清

长65厘米　宽65厘米

　　清代绵绸类靠背即靠垫，为座椅或炕上铺垫之用，俗称"软家具"。制作时根据座椅或炕尺寸大小，以丝绵类堆絮填充而制，再包裹绸缎等丝织品制成的外套。为了使靠垫外表美观，外套绸缎常常织绣出不同纹饰。制作完成的靠垫、铺垫于座椅或炕上，起到舒适、柔软、减震、保暖作用。靠垫一般与坐垫、坐褥、迎手一同使用。这件靠背外套为黄色江绸质地，上绣有勾莲纹饰。（仇泰格）

蓝色暗花缎坐褥

清

长 116 厘米　宽 82 厘米

白玉碧玉象棋

清

棋子：径 1.8 厘米　厚 0.6 厘米

棋盒：长 8 厘米　宽 6.5 厘米　高 4 厘米

棋盘：边长 33 厘米

　　棋子分别以白玉碧玉制作，玉质上等，白玉碧玉各半，共计 32 枚，棋子圆鼓形，一面镌楷字棋文。碧玉凹棋文填金色、白玉凹棋文填为朱色，以示区分。棋子造型质朴优美，玉质温润，并配有竹盒、纸棋盘。

　　象棋是中国传统棋类益智游戏。清代宫廷常用高档木材、玉石等名贵材料制作象棋、围棋、双陆棋等博弈棋子，使之蕴含了宫廷文化色彩。（杨立为）

青玉十二辰

清

通高 3.6 厘米

　　十二辰即为十二生肖，青玉雕制，均做圆雕，每件生肖动物都以人身为身体，或蹲或坐姿，以首区分各生肖动物。十二个动物首神态各异，或秉扇，或合袖，或捧桃，或提篮等，情态表达细致、生动。

　　十二生肖起源于中国，东汉时期已经有了和现在一样的十二生肖的记载。后来十二生肖被应用于纪年，并和中国传统天干地支历法中的十二地支子、丑、寅、卯、辰、巳、午、未、申、酉、戌、亥相配，形成了中国特色的纪年方式。（张林杰）

红白玛瑙刻诗桃桩式花插

清

口径 4.9×3.9 厘米　高 5.9 厘米

　　本品为玛瑙质地，玛瑙质地上乘，玛瑙呈红、白双色，十分珍贵。依双色雕琢成树桩型，红色玛瑙琢为桃树枝条，枝条上结一红桃，白色部分雕为桃桩躯干及外露根茎。通体古朴自然，生机和谐，所琢红桃寓意健康长寿，生生不息。桃插配一硬木底座，据桃桩式插根部走势继续刻画，搭配契合，浑然天成。清代玛瑙多以红、黄、绿、褐等颜色居多，双色玛瑙较为少见。（杨立为）

第五单元

虔诚修行，静心养性

清朝统治者将藏传佛教中的黄教给予了崇高的地位，诸位皇帝充分了解藏传佛教在蒙藏地区的重要影响，把"兴黄安蒙"作为巩固蒙藏边界的重要国策贯彻始终。乾隆皇帝本人也笃信佛教，他不仅深入理解深奥的佛教义理，更依照教法修习仪轨，每逢年节还要写经祈福。乾隆曾发愿，无论国事多么繁忙，每天修习佛法从不中断。

皇帝的佛堂

养心殿佛堂位于西暖阁北侧，此处初为长春书屋，乾隆十一年（1746）改建为乾隆帝专用修行密法的仙楼佛堂。佛堂以紫檀木七层无量寿宝塔为中心，呈曼陀罗格局，宝塔从一层通到二层，仙楼佛堂上绕塔南、西、东三面壁上供奉以五方佛为中心的组合唐卡，供桌上供奉佛像、佛龛、供器等，其中的佛像又以上乐王佛为主。

铜空行佛母

18 世纪
通高 18.5 厘米　像高 12.3 厘米

　　那若空行母为上乐金刚明妃之一。一面两臂，头戴五骷髅冠及细密珠饰，发带于脑后束起。圆形耳铛，外沿饰连珠。三目均睁开，仰面向左上，嘴微张，似正从左手托举的嘎巴拉碗中饮血。左手向上举起嘎巴拉碗，右手持钺刀伸向斜前，喀章嘎杖倚左臂放于右膝上。除披帛外全身赤裸，双臂、手腕、胸前、腰间装饰细密璎珞，骷髅蔓自颈部垂下。上身姿态微微旋转，曲左腿呈全展姿，整个身体呈现强烈的动感。左脚下踩印度教神威罗瓦，右脚下踏黑夜女神。莲座半椭圆形，双层莲瓣，圆润有弹性，连珠细密。附带紫檀木束腰台座，台座底部贴有满蒙汉藏四体文白绫签，其中汉文为"大利益扎什琍玛空行佛母"。（马晟楠）

铜空行佛母

像：16 世纪

龛：清乾隆（1736-1795）

像：底宽 7 厘米　高 10 厘米

龛：底长 11 厘米　宽 6 厘米　通高 16.5 厘米

　　空行母是具有智慧与力量的女性修行者，此尊一面二臂，三目，两腿曲左展右，右手向下持钺刀，左手上举托嘎巴拉碗，右手旁倚骷髅杖，足下踏威罗瓦和黑夜女神。身挂骷髅鬘，头戴骷髅冠，面庞圆润，饰圆形镂空耳珰。全身袒裸，胸部隆起，腰间饰连珠璎珞，项链、臂钏、手镯、足钏俱足。立于仰覆莲座之上，莲瓣较短小，上下对称。莲座边缘饰连珠纹。此尊造像生动表现了空形母之女性特征，身材匀称，体形健美。

　　此像供奉在银龛内，银龛背后刻书汉满蒙藏四体文题记，其中汉文为："乾隆二十六年九月十六日，钦命章嘉胡土克图认看供奉大利益梵铜琍玛阴体空行佛母。番称堪著嘛，清称厄伊富勒赫阿布喀德佛列呼额墨拂齐希，蒙古称鄂克塔尔贵都呼雅布克齐。"（马骥越）

铜查机尼佛母

18 世纪

通高 13.5 厘米

　　查机尼佛母为无上瑜伽部母续金刚瑜伽母曼陀罗中四方佛母之一。一面四臂，头戴五骷髅冠，脑后披发至腰，环形耳铛。三目圆睁，半张口。面部及颈部泥金，左上臂上举，持咯章嘎杖，右上臂上举，持嘎巴拉鼓。前两手分别于胸前持嘎巴拉碗及钺刀。全身赤裸，双臂、手腕、胸前、腰间装饰细密璎珞，骷髅蔓自颈部垂下。左展姿立于双层莲座上，背后附卵圆形鎏金火焰纹背光，双层莲瓣中间隆起，背光火焰纹立体感极强，造像体型比例壮硕。封底贴有满蒙汉藏四体文白绫签，其中汉文为"大利益扎什俐玛吒机尼佛母"。（马晟楠）

铜拉玛佛母

18 世纪

通高 13.5 厘米　底宽 8.2 厘米

　　拉玛佛母亦为无上瑜伽部母续金刚瑜伽母曼陀罗中四方佛母之一。外形、身姿及所持法器与查机尼佛母基本相同，惟面部表情稍异。封底贴有满蒙汉藏四体文白绫签，其中汉文为"大利益扎什倒玛喇嘛佛母"。（马晟楠）

铜上乐金刚

18 世纪

通高 18 厘米　底宽 12 厘米

　　上乐金刚又称上乐王佛，是藏传佛教无上瑜伽部母续最重要的尊神之一，代表着母续的最高成就，因此在西藏是最受各个教派崇奉的母续本尊。格鲁派中，他更与大威德金刚、密集金刚并称三大本尊，在清宫中被广为供奉。上乐金刚的变化身有多种，常见的有双身二臂上乐金刚、十二臂上乐金刚及这尊双身十二臂上乐金刚。上乐金刚四面十二臂、头戴五骷髅冠，发髻右侧插月轮。十二臂中最上两臂持象皮，余下左四臂持喀章嘎杖、嘎巴拉碗、金刚索、梵天首，右四臂持嘎巴拉鼓、斧、钺刀、三叉戟，正中两手分持金刚铃、杵，拥抱明妃金刚亥母。金刚亥母双臂展开，手持金刚杵，双腿缠绕上乐金刚腰部。上乐金刚腰着虎皮裙，虎皮纹样以错金表现，金刚亥母腰着璎珞组成的网状短裙。上乐金刚脚踩印度教神大威德及黑夜女神，以示降伏。封底贴有满蒙汉藏四体文白绫签，其中汉文为"大利益扎什俐玛阴体上乐王佛"。（马晟楠）

铜堪楂拉希佛母

18 世纪

通高 13 厘米

　　堪楂拉希佛母亦为无上瑜伽部母续金刚瑜伽母曼陀罗中四方佛母之一。外形、身姿及所持法器与查机尼佛母基本相同，惟面部表情稍异。封底贴有满蒙汉藏四体文白绫签，其中汉文为"大利益扎什俐玛堪木查罗希佛母"。（马晟楠）

铜噜俉尼佛母

18 世纪

通高 13.5 厘米

　　噜俉尼佛母亦为无上瑜伽部母续金刚瑜伽母曼陀罗中四方佛母之一。外形、身姿及所持法器与查机尼佛母基本相同，惟面部表情稍异。封底贴有满蒙汉藏四体文白绫签，其中汉文为"大利益扎什俐玛噜泥佛母"。（马晟楠）

铜白救度佛母

像：14 世纪

龛：清乾隆（1736－1795）

像：底宽 5 厘米　高 8.5 厘米

龛：底长 9.5 厘米　宽 6 厘米　通高 15 厘米

　　救度佛母简称"度母"，佛经记载观音菩萨见世间人类苦难深重，痛心落泪，度母即从菩萨泪滴中化现而出。因此代表着观音菩萨慈悲的神格，也是被藏地人民供奉最多的尊神种类之一。度母的名号、组合很多，有二十一度母等，而白救度佛母是其中最为常见的一位。

　　此尊度母长发编为高髻，束发缯带在两耳后夸张飘起。三目、微笑、面部泥金彩绘厚重，已看不出原作风格。全跏趺坐于莲台上，上半身微扭曲，充满动感。袒上身，璎珞、臂钏等表现较为粗率。左手于胸前牵莲枝，肩头莲花中为经书一函，右手置右膝上，莲花于肩头开放。白度母双手、双足中均有一只眼睛，这也是她最为独特的特征。下身着裙，衣纹极为简洁。身下仰俯莲座，莲瓣宽平，下缘饰大粒连珠纹。从健硕、简洁的风格上看，应为西藏仿制东北印度风格之产品。

　　此像供奉在银龛内，银龛背后刻书汉满蒙藏四体文题记，其中汉文为："乾隆三十二年十一月二十一日，钦命阿旺班珠尔胡土克图认看供奉大利益番铜旧利玛白救度佛母。番称卓尔噶呼，清称山烟多钵莫爱图布呼额墨拂齐希，蒙古称查噶甘达拉额克。"（马晟楠）

铜观音菩萨

像：14 世纪
龛：清乾隆（1736-1795）
像：底宽 6 厘米　高 8 厘米
龛：底长 10 厘米　宽 6.5 厘米　通高 15 厘米

　　观音菩萨面部丰满圆润，带笑意。发髻较低，佛冠、缯带表现均较粗率。游戏姿坐于莲座上，左手撑于身后，一支莲蕾自左手生出。右手置右膝上，上身微倾，姿态优美。通身铸出璎珞、佛衣，上仅以阴刻纹饰装饰。背后残存铜钉，可见应原有背光装饰。双层俯仰莲瓣，连珠纹均用阴刻线条表现。为西藏仿制东北印度风格产品。

　　此像供奉在银龛内，银龛背后刻书汉满蒙藏四体文题记，其中汉文为："乾隆三十二年十一月二十一日，钦命阿旺班珠尔胡土克图认看供奉大利益番铜旧利玛如意观世音菩萨。番称坚贵资克塞穆尼特阿拉苏，清称穆济勒因抟额勒赫鄂布呼济兰尼布勒库陈呼拂萨，蒙古称塞特奇尔阿穆古鲁克齐和穆施穆博应萨多。"（马晟楠）

铜金刚亥母

像：17 世纪

龛：清乾隆（1736-1795）

像：底宽 6 厘米　高 10.5 厘米

龛：底长 10.5 厘米　宽 6 厘米　通高 16.5 厘米

　　金刚亥母为本尊上乐金刚明妃，是藏传佛教中最为常见的女尊之一，在清宫中也常见单独供奉。此尊金刚亥母高髻，戴小叶佛冠，忿怒相，三目圆睁，表情夸张富有感染力。金刚亥母呈舞蹈姿，一足立于人尸上，身后有一铜柱帮助支撑身体。右手上举，施期克印持钺刀，左手托嘎巴拉碗于胸前。左臂上做出一环，插金刚叉一支。身体两侧及腰间饰璎珞，挂人首鬘。人物造型丰满，显示出明显的尼泊尔风格。

　　此像供奉在银龛内，银龛背后刻书汉满蒙藏四体文题记，其中汉文为："乾隆三十一年四月二十四日，钦命阿嘉胡土克图认看供奉大利益梵铜利玛阴体金刚亥母。番称多呼哲葩克墨，清称斡齐喇乌尔坚额拂墨拂齐希，蒙古称斡齐喇嘎亥额克。"（马晟楠）

铜鎏金绿救度佛母

像：14 世纪

龛：清乾隆（1736-1795）

像：底宽 9.5 厘米　高 15 厘米

龛：底长 17 厘米　宽 12 厘米　通高 27 厘米

　　绿救度佛母因身绿色而得名，为一切度母之源，据说为观音菩萨的左眼所生，在佛教神系中被尊称为三世佛之母，护佑众生远离苦难，广受信众尊崇。此尊左手于胸前结说法印，右手施与愿印，双手捻莲茎，莲茎贴双臂，乌巴拉花开敷于两肩侧，结游戏坐于莲台上，右足下踏莲花。面庞方圆、发色染蓝、饰璎珞，缯带于耳旁翻折，饰圆环状耳珰。上身袒露，下着长裙，腰身纤细，体态优美。项链、璎珞、臂钏、手镯、脚镯俱全，嵌松石、珊瑚、青金石等。莲座上下缘皆以细密连珠纹装饰，莲瓣肥厚宽大，尖端微微卷起。造像体态优雅，线条委婉，具有独特的女性魅力。通体红铜鎏金，金色明亮。封底刻有十字交杵图案。

　　此像供奉于银龛内，银龛背后刻书汉满蒙藏四体文题记，其中汉文为："乾隆二十九年六月二十四日，钦命阿嘉胡土克图认看供奉大利益番铜旧琍玛绿救度佛母。番称卓尔嘛将库，清称女汪颜多钵墨爱图布呼厄莫拂齐希，蒙古称诺郭感达喇厄克。"（马骥越）

铜鎏金上乐金刚

像：清乾隆（1736-1795）

龛：清乾隆（1736-1795）

像：底宽 15 厘米　高 18 厘米

龛：底长 19 厘米　宽 11.5 厘米　通高 29 厘米

　　上乐金刚也译作胜乐金刚、上乐王佛，是藏传佛教无上瑜伽部母续最重要的本尊之一。其根本经典是《胜乐金刚怛特罗》，代表了母续中的最高成就，广受西藏各教派的尊奉。此尊胜乐金刚一面二臂，展右姿，右手持金刚杵，左手持金刚铃，交于明妃金刚亥母身后。明妃金刚亥母一面二臂，右手高举持钺刀，左手持嘎巴拉碗，展左站立，右腿匀于主尊腰后。这是上乐金刚双身像中明妃较常见的姿势之一，也被称为本生上乐金刚。足下踏怖畏神威罗瓦及其明妃黑夜女神。主尊头戴五颅冠，发髻高耸。项挂鲜人首鬘，身披象皮。明妃腰间精美璎珞严身。莲座为单层覆莲，上缘饰细密阴刻线，表示莲蓬。封底完整，刻有十字交杵，并涂金。

　　此像供奉于银龛内，银龛背后刻书汉满蒙藏四体文题记，其中汉文为："乾隆三十一年八月初九日，钦命阿嘉胡土克图认看供奉利益新造阴体上乐王佛。番称第穆楚克，清称窝施浑塞普征厄拂齐希，蒙古称杂嘎呼萨穆巴喇。"（马骥越）

铜鎏金绿救度佛母

像：15 世纪

龛：清乾隆（1736-1795）

像：底宽 10.5 厘米　高 16 厘米

龛：底长 17 厘米　宽 12 厘米　通高 26 厘米

　　这尊绿救度佛母头戴五叶佛冠，正中冠叶山字形。面庞圆润，微笑，下颌微微扬起。左手于胸前牵乌巴拉花，右手置膝上，牵莲花。度母半跏趺坐，右脚置于莲座上伸出的小莲花中。度母身配璎珞、臂钏，镶嵌绿松石等宝石，下身着裙，裙上线刻大朵花卉。双层莲座，莲瓣尖细饱满，立体感极强。此尊造像造型柔美，装饰华丽，镀金明亮，是西藏造像中的精品。

　　此像供奉在银龛内，银龛背后刻书汉满蒙藏四体文题记，其中汉文为："乾隆二十九年六月二十四日，钦命阿嘉胡土克图认看供奉大利益番铜旧利玛绿救度佛母。番称卓尔嘛将库，清称女汪颜多钵墨爱图布呼厄莫拂齐希，蒙古称诺郭感达喇厄克。"（马晟楠）

铜鎏金上乐金刚

18 世纪

底宽 19 厘米　高 23 厘米

　　这尊上乐金刚四面十二臂，展右姿，正二手施金刚吽迦罗印，右手持金刚杵，左手持金刚铃，拥抱明妃金刚亥母。主尊次二手上举持象皮，其余右手持羹鼓、钺斧、钺刀、三叉戟，余左手持骷髅杖、嘎巴拉碗、索、四面梵天头。展右站立，足下踏怖畏神威罗瓦及其明妃黑夜女神。明妃金刚亥母一面二臂，双腿环勾于主尊腰间，右手高举持钺刀，左手持嘎巴拉碗。此种上乐金刚也称为吉祥轮上乐金刚。明妃身披骷髅鬘，璎珞严身。主尊及明妃庄严臂钏、手镯、足钏。莲座为单层，上缘装饰细密连珠纹，莲瓣细长，整齐排列。火焰纹背光栩栩如生。底板贴有白绫签，墨书汉满蒙藏四体文，其中汉文为"大利益扎什琍玛阴体上乐王佛"。（马骥越）

铜鎏金上乐金刚

18 世纪

底宽 19 厘米　高 21 厘米

　　这尊上乐金刚四面十二臂，展右姿，正二手施金刚吽迦罗印，右手持金刚杵，左手持金刚铃，次二手上举持象皮，其余右手持鼗鼓、钺斧、钺刀、三叉戟，余左手持骷髅杖、嘎巴拉碗、索、四面梵天头。展右站立，足下踏怖畏神威罗瓦及其明妃黑夜女神。拥抱明妃金刚亥母，金刚亥母一面二臂，双腿环勾于主尊腰间，右手高举持钺刀，左手持嘎巴拉碗，身披骷髅鬘、璎珞严身。此种上乐金刚也称为吉祥轮上乐金刚。主尊及明妃庄严臂钏、手镯、足钏。莲座为单层，上缘装饰细密连珠纹，莲瓣细长，整齐排列。火焰纹背光栩栩如生。

　　此件上乐金刚与前一件颇为相似，仅有细节及材质上的不同。此件装饰处嵌松石。莲瓣虽同为细长状，但形状略有弯曲不同。底板贴有白绫签，墨书汉满蒙藏四体文，其中汉文为"大利益扎什琍玛阴体上乐王佛"。（马骉越）

铜密集金刚

18 世纪

像：底宽 22 厘米　高 29 厘米

木座：底宽 24 厘米　高 9 厘米

　　密集金刚三面六臂，面有三目，表情微怒。头戴宝冠，菩萨装，与其他本尊护法装束不同。正二手施金刚吽迦罗印，持物缺失，拥抱明妃可触金刚母。其余右二手持剑和法轮，左二手持花和弓。全跏趺坐。明妃三面六臂，拥抱主尊，双腿环绕主尊腰间。

　　密集金刚又称不动金刚秘密佛，是密集金刚系列中不动金刚化现出来的形象，是藏传佛教无上瑜伽部父续的本尊。另外，还与观音和文殊结合，出现了密集观自在佛、密集文殊金刚佛等。密集金刚是目前所知起源最早的本尊之一，《密集金刚怛特罗》是其根本经典，所以他的形象较其他本尊而言有较少的愤怒特点。在西藏和清宫中，密集金刚被看作是最高本尊之一。配木须弥座。底板贴有白绫签，墨书汉满蒙藏四体文，其中汉文为"番铜琍玛利益阳体金刚文殊秘密佛"。（马骥越）

铜威罗瓦金刚

清乾隆（1736-1795）

底宽 26 厘米　高 36 厘米

　　威罗瓦金刚，也称为大威德金刚、怖畏金刚，是无上瑜伽部父续成就本尊，即文殊菩萨为调伏诸天鬼神及众生之瞋恚本性而显现的教令轮身。

　　这尊威罗瓦金刚九面三十四臂十六足，主面为牛头，犄角尖锐有力，九面最上为文殊菩萨面，其余各面均作忿怒相。须发红赤，极力夸张其忿怒和威猛。三十四臂所持法器各异，前二手持钺刀、嘎巴拉碗，拥抱明妃，其余多臂排列成左右两扇面形，展左立姿，胸前挂垂骷髅鬘。十六足踏八兽、八禽、八方天神，下承仰覆莲座。造像整体造型规整，富有清代宫廷造像的特点。在底座正面上方有楷书铸款"大清乾隆年敬造"。（马骥越）

铜鎏金吉祥天母

18世纪

底宽15厘米　高20厘米

　　吉祥天母头戴五骷髅冠，头顶为橘红色竖立的头发，面有睁得圆鼓的三目，大嘴阔张，粗眉短颈，呈忿怒相。上身袒露，双乳下垂，下身着虎皮裙，脐上有太阳，象征智慧，均为吉祥天母的形象特征。吉祥天母赤脚侧身坐在一头骡子上，腰部扭动夸张，骡子脚下汹涌波涛，象征着她闯过了天、地、海三界，是主生死、病瘟、善恶的神。此尊造型夸张、表情威猛，细节处雕刻一丝不苟，具有很强的艺术感染力。底板贴有白绫签，墨书汉满蒙藏四体文，其中汉文为"大利益扎什琍玛吉祥天母"。（苏白）

铜鎏金白勇保护法

18 世纪

底宽 14 厘米 高 20 厘米

　　白勇保护法为藏传佛教护法神之一。此像一面三目六臂，呈狰狞忿怒相。六臂中左侧三臂手中分持叉、钩铖和嘎巴拉碗，碗内有一宝瓶；右侧三臂手中分持铖刀、羯鼓、摩尼宝。足下踏象鼻天，体态威猛。蒙古视为财神。底板贴有白绫签，墨书汉满蒙藏四体文，其中汉文为"大利益扎什利玛白勇保护法"。（苏白）

铜鎏金上乐金刚

17 世纪

底宽 23.5 厘米　高 36 厘米

　　上乐金刚是藏传佛教无上瑜伽部母续最为重要的本尊之一，受到藏传佛教各个教派的崇奉。乾隆皇帝也专门随三世章嘉活佛修习过上乐密法。此尊为双身十二臂上乐金刚，主尊上乐金刚四面十二臂，发髻上饰十字金刚杵及月轮，正前二臂持金刚铃、杵，环抱明妃金刚亥母。剩余手臂分别持嘎巴拉鼓、钺刀、三叉戟等法器，左展姿站立。骷髅鬘、鲜人首鬘垂至腰间。金刚亥母右腿勾住主尊腰间，展左腿，与主尊相对。整体造型稳定中充满动感。高莲台，莲瓣扁圆。（马晟楠）

黑石三大明王（2套6件）

密集金剛：底長 3.4 厘米　寬 1.4 厘米　高 3.5 厘米

威羅瓦金剛：底長 3 厘米　寬 1.5 厘米　高 4.2 厘米

上樂金剛：底長 3 厘米　寬 1.5 厘米　高 4.2 厘米

龕：底長 8.7 厘米　寬 4 厘米　通高 11.5 厘米

三大明王即密集金刚、威罗瓦金刚和上乐金刚，是藏传佛教格鲁派尊崇的三大本尊。这两套三大明王均由黑石雕刻而成，每尊像的外底皆阴刻填金"大清乾隆敬造"隶书款。每套三大明王成"品"字形供奉于银龛内，密集金刚位居上层，威罗瓦金刚和上乐金刚分居下层左右。

密集金刚三面六臂，头戴五叶宝冠，主臂拥抱佛母。右三手各持金刚杵、摩尼宝、法轮，左三手分别持金刚铃、莲花、利剑。金跏趺坐于莲花宝座上。中央二手，持金刚杵，拥抱着明戴花冠、耳环和臂钏的明妃。

威罗瓦金刚九面三十四臂十六足，左展立于莲花台上。怀抱明妃。明妃右展姿，仰头与主尊呼应，左腿勾跨威罗瓦腰身。主尊双手施金刚吽迦罗印持钺刀和嘎巴拉碗，环抱明妃。双人首蔓长垂至足。

上乐金刚四面，每面三目，十二臂，主臂拥抱其明妃金刚亥母，左右手中分握金刚铃、杵，其余手臂亦各持法器，二足，左弓步立姿，足下踏裸身魔怪，是其常见之显相。（苏白）

嵌珐琅五供（一套 5 件）

清乾隆（1736-1795）

香炉：通高 20 厘米　口径 10.5 厘米　最宽 18.5 厘米
木座：直径 17 厘米　高 4.5 厘米
蜡扦：足径 11 厘米　高 32 厘米
木座：直径 14 厘米　高 3.5 厘米
花瓶：长 23 厘米　宽 9.5 厘米　高 43 厘米
木座：长 17 厘米　宽 9.5 厘米　高 3 厘米

五供由香炉一只、花觚一对、烛台一对组成。这套五供采用铜胎掐丝珐琅工艺制作。

　　香炉通身以蓝色为地，平沿、短颈、深腹、圆底，口沿饰以莲瓣纹一周，炉身颈部和腹部由一周装饰有卷草纹的弦纹隔开，弦纹和口沿边缘均镶以金边，颈部和腹部均由饕餮兽面纹、勾连雷纹、回纹等装饰，炉耳呈象鼻形，三足作象头状，炉耳和三足均鎏金。象，与祥谐音，在中国传统文化中，大象作为瑞兽，被赋予很多吉祥寓意。炉外底刻有方形"乾隆年制"四字阴文楷书款。底部配以圆形三足紫檀木底座，三足呈如意云纹样式。

　　蜡扦最下端是一个圆形底盘，撇口平沿，盘底装有如意云头纹式三足，盘内壁饰以海水江崖纹，外壁装饰一周莲瓣纹。盘外底部边缘装饰有一周莲瓣，正中刻有方形"乾隆年制"四字阴文楷书款，款周围装饰卷草花瓣纹。盘正中伏有一只绿壳仰头神龟，龟背上站立一只仙鹤，鹤两腿直立，舒展短膀，曲颈鸣叫。鹤颈上装饰红色项圈，鹤身以白色为地配以青黑色菱形纹饰，装饰出羽毛的形态，使得仙鹤栩栩如生。鹤头顶安插一尖尖的蜡针，蜡针中部有一圆托盘，用于承接蜡油。蜡扦底部配圆形紫檀木底座。

　　花瓶由一狮子驮于背上，花瓶内插有大束彩漆灵芝。狮子短小精悍，通身施蓝色釉，身上以金色掐丝作为卷毛，头上的金色鬃毛丰厚卷曲，沿颈部垂至胸部背部，狮尾末端蓬松卷曲，高高跷起，饰以绿釉，卷边鎏金，雅致精美。狮子双目圆瞪，眉毛上翘，侧身向左扭头怒视前方，凶悍威严。狮子作为勇敢和力量的化身，代表着至高无上的权力，是权威的象征。狮背搭盖一条装饰有彩色卷草纹的长条布褡，垂悬金色流苏。狮背上的花瓶海棠式口颈，口沿外翻，高束颈，颈部上下端均装饰一周镀金覆莲瓣纹，小椭圆腹，腹部装饰有饕餮兽面纹、勾连雷纹、回纹等纹饰，花瓶底部由厚厚的金色仰莲花承托。狮子前胸至腹部正中饰以粉色釉彩卷毛，前胸上刻有长方形竖行"乾隆年制"四字阴文楷书款。狮足下承圆角长方形四足紫檀木底座。（鲍楠）

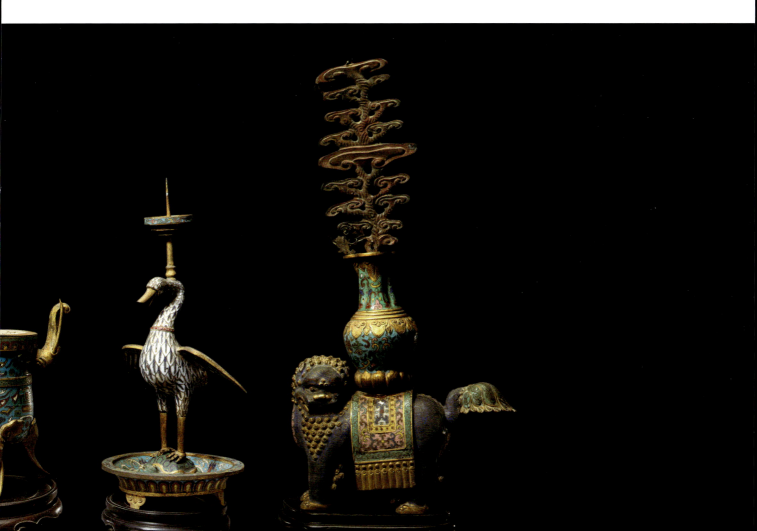

银镀金嵌松石八宝（一套 8 件）

清

通高 13.5 厘米　底径 6.7 厘米

　　八宝为佛前供器，通常与五供、七珍等一起供于佛堂中。八宝通常由法轮、法螺、宝伞、白盖、莲花、宝罐、金鱼、盘肠八件组成。它们在佛教中分别代表不同含义。法轮代表佛说大法圆转万劫不息；法螺代表菩萨果妙音吉祥；宝伞代表张弛自如，曲覆众生；白盖代表遍覆三千净一切乐；莲花代表出五浊世无所染；宝罐代表福智圆满，具完无漏；金鱼代表坚固活泼，能解坏劫；盘肠代表徊环贯彻，一切通明。

　　这套八宝是以银，经锤碟工艺制作而成，然后再镀金、嵌石。从器形、制作工艺等方面综合分析，此套八宝具有清代中期藏区制造特征。（李军）

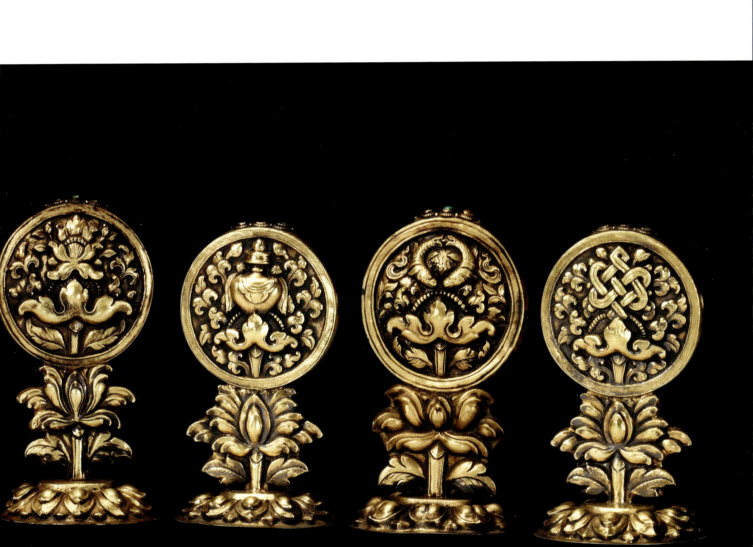

穿珠堆绫雅曼达嘎
穿珠堆绫密集金刚
穿珠堆绫上乐金刚
清乾隆（1736-1795）
外：纵 96 厘米　横 60 厘米
心：纵 80 厘米　横 51.5 厘米

　　这是一套三幅成堂供奉的堆绫唐卡。雅曼达嘎即大威德金刚，与密集金刚和上乐金刚并称藏传佛教格鲁派至高无上的三大本尊，在推崇格鲁派的清代宫廷中极受推崇。这三幅唐卡以不同颜色的染色绫、织金缎剪裁、拼接成三大本尊形象，辅以钉珠秀、辑线绣等不同工艺，色彩绚丽、工艺精湛，比一般绘画唐卡更为立体、典雅。外加包织金锦木玻璃框，更显示出皇家气派。供奉在养心殿西暖阁仙楼佛堂南壁正中，彰显其主尊身份。（马晟楠）

铜鎏金无量寿佛

18 世纪

通高 20.6 厘米　底宽 14 厘米

　　无量寿佛通体镀金，其头上发髻高挽，以全跏趺式坐于莲台上；双手施禅定印并托宝瓶。在其发髻、胸部和臂上，装饰有连珠流苏、臂穿等纹饰。

　　无量寿佛即阿弥陀佛，又称无量光佛、接引佛。为"西方极乐世界"的教主，它与观音菩萨、大势至菩萨并称"西方三圣"。

　　关于阿弥陀佛名号之由来，据梵本《阿弥陀经》及《称赞净土佛摄受经》载，此佛寿命无数、妙光无边，故后人又称之为无量寿佛、无量光佛。

　　在藏传佛教中，阿弥陀佛被视为无量光、无量寿二佛。若祈求智慧，则皈依无量光佛；若祈求延寿福乐，则皈依无量寿佛。无量寿佛常与白救度佛母、尊胜佛母组合供奉，这种组合也被称作"长寿三尊"。

　　由于无量寿佛被视为长寿象征，故清代宫廷常将其作为"吉祥之像"，供奉在清宫佛堂中。每逢帝后寿诞吉庆日，文武百官更是将无量寿佛作祝寿寿礼进献到宫中，祝福帝后万寿无疆。据乾隆《万寿庆典成案》载，仅乾隆四十五年（1780），百官进献的无量寿佛就多达 19934 尊。而清宫造办处也常根据圣意铸造大量无量寿佛。因此，清宫的无量寿佛不仅数量多、供奉非常广泛，其材质也非常丰富。除玉质、珐琅、瓷质、银质、金质外，以铜镀金无量寿佛数量最多。（马云华）

铜智行佛母

清乾隆（1736-1795）

通高 50.5 厘米　底宽 23 厘米

　　佛母一面四臂，右腿曲起，左腿独立，呈舞蹈姿势，张口怒吼，上二臂拉开乌巴拉花箭，下二手握花枝，身材比例匀称，线条流畅，繁茂的花枝与长帛围绕其身体曲折翻转，营造出强烈的动感。

　　智行佛母藏名叫"姑噜姑咧"，又称"作明佛母"，意即智行。是藏密比较流行的佛母，也是一个常见的智慧女神。据《姑噜姑咧仪轨》记载，她的形象是：身体呈白色，一面四臂，头戴五骷髅冠，三目鼓圆，牙齿微露，项挂 50 人头骨项链，上身袒露，两乳隆起，下身穿虎皮围裙。有四手，皆执物，上面两手持红色乌巴拉花，作出拉弓欲射状，弓和箭上缀满花瓣；下面右手持钩，左手持绳，两端是环和钩，持物都有寓意。身体呈舞立姿势，左腿单立，足踩一人；右腿盘曲。身后为红色火焰。（苏白）

画珐琅勾莲纹五供（一套5件）

清雍正（1723－1735）

香炉：通高9厘米　口径8厘米

蜡扦：通高22厘米　底径7.6厘米

双耳瓶：通高18厘米　足径5.8厘米

　　五供由香炉一只、花觚一对、烛台一对组成。据《贤愚经》卷三载，早在迎请释迦牟尼之仪礼时，即有烧香、供花之说。在佛界中，五供之香炉、烛台、花瓶代表着不同含义。五供除作各种佛教解释外，道教中也有不同说法，如朱权在《天皇至道太清玉册》中称，五供代表了五行金木水火土，以表天地造化，相生相克之治，并暗合神明之德。

　　佛教认为，以炉燃香既可驱除恶臭而断烦恼，又可提神醒脑而增益；另以香比喻佛法之功德，四散传播，使众生受益，拈香还可以祈福；烛台的使用源于印度佛前献灯明之举，它既是寺内照明之用具，也是佛供案上的一种供器。

　　佛教认为，在佛塔、佛像、经卷前燃灯，能护大功德；又因灯明可破暗为明，故佛教也常将灯明比喻佛法与智慧，喻以智慧照破愚痴。

　　花供养源于印度佛教仪式，原以散花盛于盘中供养，后逐渐演变为剪枝供佛之风。也有以纸、木做成莲花、荷叶等，染色涂金，插入花瓶供于佛前，通称常花。但佛教不同主尊，供养之花卉也有所不同。佛前供花是显、密教修法时重要的供养物之一。佛教认为，供养之花卉，不仅可散发出花香，还可装饰环境，使视者产生喜悦之情。佛前供养花卉者，还可获无量功德。

　　随着佛教的发展，五供的制作出现了多种质地和式样，采用玉、石、铜、锡、瓷、珐琅、琉璃等材质，用材丰富，工艺考究，造型古朴。这套五供为铜胎画珐琅工艺制作，以黄色为地，通体绘缠枝花卉等，器口等边缘处镀金，整套礼器造型优美，做工精致，彰显出皇家的雍容华贵之气。

　　香炉圆形，鼓腹，近肩处两侧各有一兽头铺首口衔环耳，如意云头式三足。炉身上下靠近口沿和足底的两部分较窄，以白色珐琅为地，绘青花色卷草纹，纹饰间点缀一周黄色圆点；中间部分以黄色珐琅为地，用红、黄、白、绿、青等色珐琅彩绘缠枝莲等花卉，炉身正中的莲花硕大，花蕊装饰寿字。口沿、兽耳和三足均鎏金。在炉底处，蓝色双线圆框内署"雍正年制"两竖行四字楷书款。

　　蜡扦一对，造型纹饰相同，由覆铃式底座、灯笼形连接柱、大小两层圆蜡盘、圆柱形捉手和蜡针连接而成。蜡扦顶部的蜡针尖锐，上安插一支红蜡烛。蜡针下直接连接圆形小蜡盘，盘沿微外撇，用于承接蜡油。下面的大蜡盘同小蜡盘造型同，两蜡盘由灯笼瓶式捉手相接。大蜡盘下是灯笼造型的连接柱，连接覆铃式底座。小蜡盘外沿以及底座底部边缘以白色珐琅为地，绘青花色卷草纹，纹饰间点缀一周黄色圆点。其余部分均以黄色珐琅为地，用红、蓝、白、绿等色珐琅彩绘缠枝莲等花卉，瓶底座装饰的莲花尤其硕大，花蕊装饰寿字。该蜡扦的底座、连接柱、大小蜡盘、捉手的边缘和蜡针均鎏金。蜡扦底部装饰白色珐琅釉地，正中蓝色双线圆框内署"雍正年制"两竖行四字楷书款。

　　花瓶一对，造型纹饰相同。平沿侈口，细长束颈，溜肩，鼓腹，圈足。颈部两侧各有一夔龙口衔环耳，口、耳、足均鎏金。通体以弦纹分割瓶颈和瓶身，间隔以黄色和浅蓝色珐琅釉为地，彩绘缠枝花卉，瓶身正中的缠枝莲花瓣硕大，花蕊装饰寿字。瓶中插有铜鎏金材质的花束，花瓣由蓝色、白色珐琅釉装饰，花蕊镶嵌宝石。瓶底装饰白色珐琅釉地，正中蓝色双线圆框内署"雍正年制"两竖行四字楷书款。（鲍楠）

泥四臂观音菩萨

清乾隆（1736-1795）

直径2.5厘米

　　此件泥佛像属于"擦擦"佛像。所谓"擦擦"，音译自藏文 tsha tsha，指用按压或脱模方法制作的小型泥质造像、佛塔或经咒。这种造像形式，自吐蕃时期起就在西藏出现，在西藏，还有一种专门供奉擦擦佛像的佛殿，称为"擦康"，其中的擦擦可多达数十万（见《元史·释老传》）。在养心殿，这两尊擦擦也是与其余数十件同一模具范制而成的擦擦共同盛装在皮箱中供奉的。擦擦泥质，施红彩，佛像部分涂金。

　　此像为四臂观音菩萨，是观音菩萨在藏传佛教中最常见的变化身之一。菩萨全跏趺坐于莲花上，正面双手合十，另两手分别持念珠、莲花。（马晟楠）

泥金刚菩萨

清乾隆（1736-1795）

直径 3.5 厘米

　　此件泥佛像属于"擦擦"佛像。所谓"擦擦"，音译自藏文 tsha tsha，指用按压或脱模方法制作的小型泥质造像、佛塔或经咒。这种造像形式，自吐蕃时期起就在西藏出现，在西藏，还有一种专门供奉擦擦佛像的佛殿，称为"擦康"，其中的擦擦可多达数十万（见《元史·释老传》）。在养心殿，这两尊擦擦也是与其余数十件同一模具范制而成的擦擦共同盛装在皮箱中供奉的。擦擦泥质，施红彩，佛像部分涂金。

　　此像为金刚菩萨，又称金刚手菩萨、手持金刚菩萨，在藏传佛教中被认为是五方佛中阿閦佛的菩萨身化现。菩萨全跏趺坐于莲座上，左手置膝上右手捧金刚杵于胸前，天衣宝带于身体两侧飘起。（马晟楠）

铜鎏金嵌松石莲瓣形圆盒

清

通高 14 厘米　直径 13 厘米

　　盒圆形，盒身较深，底部附一圆形底座，通体鎏金。盒身外壁浮雕厚而长的莲瓣，口沿边缘由上下平行的两圈连珠纹装饰，两条连珠纹之间密集地镶嵌一周长方形绿松石。盒盖顶部正中配以光素宝珠形钮，盖上浮雕肥硕的莲瓣和如意云纹，莲瓣和如意云纹上均间隔镶嵌圆形绿松石、青金石、红宝石，边缘亦装饰一圈连珠纹。盒足由一圈向外翻卷的莲瓣组成。底座束腰，浅浮雕规则回纹和卷草纹做装饰，配如意云头式三足。

　　此盒作为供器置于养心殿西暖阁无倦斋供桌上，制作精湛，装饰华美，富丽堂皇，极具宫廷特色，展示了皇家的奢华以及对佛教的重视。（鲍楠）

铜鎏金嵌松石莲瓣形圆盒

清

通高 14 厘米　直径 11 厘米

　　该盒圆形，盒身较深，底部附一圆形底座，通体鎏金。盒身外壁浮雕肥硕精美的莲瓣，口沿边缘由上下平行的两圈连珠纹装饰，上圈珠小，下圈珠略大，两条连珠纹下部还密集地镶嵌一周长方形青金石。盒盖顶部正中配以光素宝珠形钮，盖上浮雕缠枝花卉纹，花蕊镶嵌圆形红、绿二色宝石，边缘亦装饰两圈珠子大小相仿的连珠纹。盒足由一圈向外翻卷的莲瓣组成。底座束腰，浅浮雕规则回纹和卷草纹做装饰，配如意云头式三足。

　　此盒作为供器置于养心殿西暖阁无倦斋供桌上，制作精湛，装饰华美，富丽堂皇，极具宫廷特色，展示了皇家的奢华以及对佛教的重视。（鲍楠）

包金顶银上乐坛城

18 世纪

底座边长 30 厘米　高 55 厘米

　　坛城作六角亭式，亭主体木胎包银，内部佛像银质。亭为仿木结构，重檐，顶部装饰包金火焰纹摩尼宝珠。亭下有束腰高台座，台座周围树栏杆，饰珊瑚制宝瓶柱头。亭身其他部位间以绿松石镶嵌或阴刻花纹，细节精致考究。

　　亭内部安置银质花束，花束共有花枝九枝，正中一枝上立双身十二臂上乐金刚，装束与前述铜上乐金刚相同。四周八枝围绕主尊，四枝上各立佛母一位，均为一面四臂，正中两手一手捧嘎巴拉碗，一手持钺刀，另两手分别持嘎巴拉鼓及喀章嘎杖。另四枝与安置佛母的四枝相间排列，其上为宝瓶，瓶上放置嘎巴拉碗。它们共同代表了上乐金刚坛城四位内院侍从。

　　坛城是梵文词 mandala 的意译，也常被称为曼陀罗。每一个坛城都代表着所属主尊的世界，是修持者观想、修行的形象化指导。一般的坛城多以唐卡、沙画等形式出现，这样立体形式的坛城在清宫之外则很少见。（马晟楠）

硬木方几

清

长 40 厘米　宽 40 厘米　高 86 厘米

　　方几面硬木攒边框，镶嵌板心。几面与腿间有束腰，腿间上加牙板，下加管腿胀。束腰、牙板上均雕花装饰。此方几为放置包金顶银上乐坛城使用。（马晟楠）

硬木炕桌

清

长 94 厘米　宽 73 厘米　高 41 厘米

　　炕几面硬木攒边框，镶嵌板心。几面下有束腰。腿间加壶门式牙板。兽腿式四足。这件炕桌放置于养心殿西暖阁无倦斋佛堂中，炕几上陈设铜空行母、铜上乐金刚、铜拉玛佛母、泥擦擦及铜胎画珐琅五供、铜鎏金圆盒等法器。玻璃镜挂于旁边墙上。乾隆帝即坐于此炕桌前，对镜修持上乐密法。（马晟楠）

玻璃挂镜

清

纵 120 厘米　横 95 厘米

　　玻璃镜硬木框，背面木板纸糊，背面有卡槽，用于悬挂墙上。这件玻璃镜悬挂于养心殿西暖阁无倦斋佛堂中炕几旁边的墙上。炕几上陈设铜空行母、铜上乐金刚、铜拉玛佛母、泥擦擦及铜胎画珐琅五供、铜鎏金圆盒等法器。乾隆帝即坐于此炕桌前，对镜修持上乐密法。（马晟楠）

黄色缎绣海水云龙纹靠背

清

长 126 厘米　宽 62 厘米

　　靠背即靠垫，是清代座椅或床炕上使用的丝绵类靠垫，俗称"软家具"。制作时根据座椅或床炕的尺寸大小，以丝绵类堆絮、填充一定厚度，外再包裹绸缎类丝织品外套。为了使靠垫外表更加美观，清宫使用的绸缎外套，常织绣有不同图案纹饰。制作完成的靠垫，铺垫于座椅或炕上，起到舒适、柔软、减震、保暖、美观的作用。靠垫一般与坐垫、坐褥、迎手一同使用。这件靠垫背外套为黄缎质地，上绣海水云龙纹饰。（仇泰格）

黄色缎绣勾莲蝠纹迎手（一对）

清

长 22.5 厘米　宽 22.5 厘米　高 22.5 厘米

　　迎手是宝座或床榻两边搭手臂的方形绣物，当人倚坐宝座或床榻时，起到扶手作用。它常与坐垫、靠垫搭配使用。因为是宫廷所用，在用料和装饰上更加讲究，外包边多使用绸缎类，并织绣各种图案纹饰。这对迎手包边为黄色缎质地，绣有勾莲蝠纹，因"蝠""福"同音，故具有"福"的寓意。（仇泰格）

黄色江绸绣蝠勾莲纹迎手（一对）

清

长 23.5 厘米　宽 22 厘米　高 22 厘米

　　这对迎手功能与其他迎手一致，同样使用精致材料制作。所不同的是，外包使用黄色江绸质地，上面绣有蝠勾莲纹，也取"蝠""福"之寓意。（仇泰格）

红色寸蟒迎手（二对）

清

长 23 厘米　宽 23 厘米　高 23 厘米

第六单元
皇家造办，帝王的审美

　　故宫藏品中，明清两代的工艺美术品占有很大比重，其中有许多为清宫造办处设计、制作或修理、改造过。造办处是执掌宫内御用器物制造的机构，由内务府管理，这里荟萃了全国各地的能工巧匠，加之皇家雄厚的财力与皇帝的深度参与，所造器物均体现出皇家的仪态与审美，其名贵的材料、高超的制作技法与精美的造型，也代表了当时中国传统工艺美术的最高成就。

养心殿的前身造办处

　　造办处是负责制造御用器物和艺术珍品的机构。康熙初年设于养心殿，康熙三十年后移至慈宁宫茶饭房，故习惯称养心殿造办处。造办处隶属于内务府，下设玉作、木作、珐琅作、漆作、自鸣钟等各类作坊。管理大臣一职常由亲王或内廷行走的一品大员担任，便于皇帝直接指挥。造办处的工匠从全国选拔，一代代的传承与创新，不仅仅造就了郎世宁、丁观鹏、郎廷极、年希尧、唐英等名臣匠人，更是创造出流传百世的绝世佳品。

乾隆款仿古铜彩镂空如意

清乾隆（1736-1795）

长 53 厘米　宽 12.5 厘米

　　如意一端呈灵芝状，曲柄。通体以金彩为地，正面以松石绿釉绘青铜纹饰，灵芝形首、柄中及尾部均以红彩镂雕云龙纹、花卉纹。背部施金彩，中心竖刻"大清乾隆年制"六字篆书款。

　　瓷质如意盛行于乾隆时期，以粉彩工艺多见。此器釉色、纹饰均仿古代青铜器，并加以镂雕装饰，充分显示出乾隆时期陶瓷工艺的高超技艺。（高晓然）

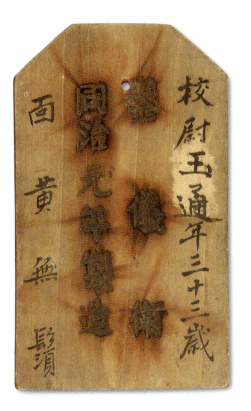

进匠腰牌

清

长 15 厘米　宽 9 厘米

　　清宫腰牌是清时各类人等出入紫禁城的一种通行凭证，常系挂于腰间，以证明其身份，备宫廷禁门查验。清宫腰牌通常为木质，满汉文合璧，形为长方形，上端为弧状，有穿孔，用以系绳佩持。清宫腰牌由内务府制造与颁发，给发在内阁、内务府及内廷等各处行走供事之书吏、苏拉等，一般三年更换一次。腰牌的正、反两面皆以火漆烫制文字，其正面为"腰牌"名称及"内务府颁发"字样，背面则烙匠人当差处，及制造颁给年份。此外，一般还用墨书汉文记录效力人员之姓名、年岁，以及面貌简明特征等信息。（刘立勇）

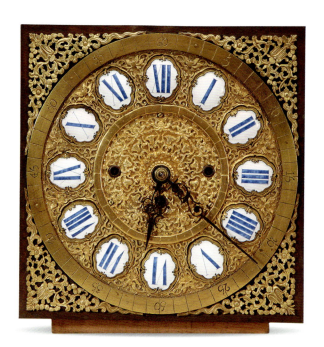

铜镀金珐琅字盘机芯

清乾隆（1736—1795）

高 30 厘米　宽 30 厘米　厚 9 厘米

　　方形铜质面板中间嵌圆形铜质钟盘，双花针，钟盘内满雕缠枝莲花纹，表示小时的罗马数字为青花瓷片，均匀镶嵌于花纹之中，钟盘四角嵌铜镂雕花卉纹饰。三套动力源，上弦孔在钟盘中下部，负责走时、报时和报刻。后夹板满刻细密的卷叶纹饰，线条不甚流畅，显然为中国仿照西方纹饰制作。（郭福祥）

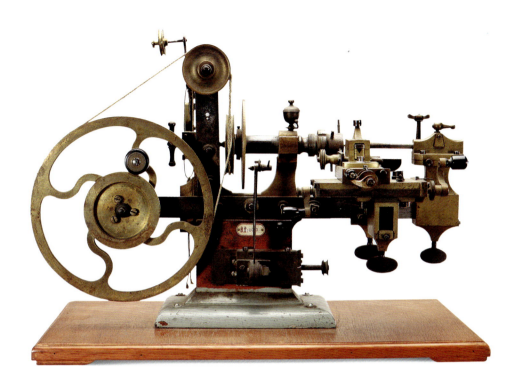

老式钟表车床

清

长 53 厘米　宽 33 厘米　高 43 厘米

　　钟表车床，行业内通称"小摆车"。一般采用"WW"或"Geneva"标准制造，最早期出现的钟表车床是纯机械式构造，机械零件的加工完全依靠钟表师手工完成。钟表车床最早出现在瑞士、德国、美国、英国等国家，主要生产厂家有德国 Boley 公司、瑞士的 Bergeon 公司、美国的 Derby 公司、英国的 T.C.M 公司等。钟表车床主体构造大致分为：车床导轨、车头、车刀架及顶针座。主要完成各种车削加工、钻孔、扩孔、铰孔、切削螺纹等功能。机床附有的铣削及磨削附件，可以完成铣平面、铣槽、分度铣削或刻线，用成型刀加工钟表齿轮及磨削内外圆、平面和小刀具刃磨等功能。（亓昊楠）

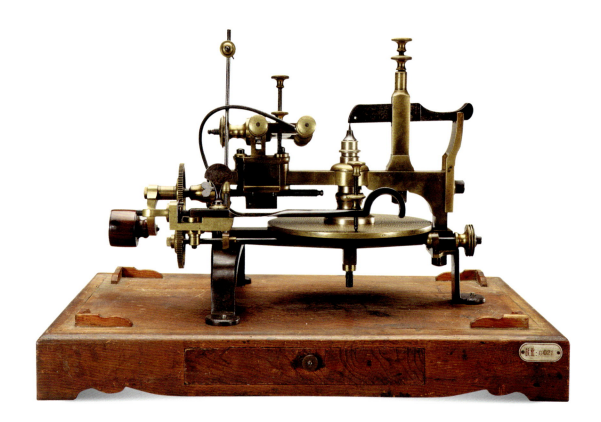

开齿机

清

长 44.5 厘米　宽 28 厘米　高 33 厘米

　　开齿机是用成形铣刀按分度法加工钟表齿轮的机械设备，主要用于加工各类齿形的钟表齿轮。古代的齿轮是用手工修锉成形的。1540 年，意大利的托里亚诺在制造钟表时，制成一台使用旋转锉刀的切齿装置用以加工齿轮；在此以后，1783 年，法国的勒内制成了使用铣刀的齿轮加工机床，并有切削齿条和内齿轮的附件。本机床在使用时，用弓形线锯配合进给旋钮完成齿形加工，分度盘的作用是对齿轮尺寸进行定型。另外，本开齿机在附加配件后，还可以完成立式车削加工的功能。（亓吴楠）

铜镀金计算器

清康熙（1662–1722）

长49厘米　宽9.8厘米　高6厘米

　　明末清初，西洋算筹传入中国。算筹是17世纪初英国数学家纳白尔（John NaPier 1550-1617）发明的一种用于乘除计算的工具，故又称纳白尔算筹。它所根据的原理是15世纪时流行于欧洲的"写算"，即在一些长方形的板片上刻写数码，可根据需要对起来进行乘除、乘方、开方运算。筹式计算器是清初以纳白尔算筹对巴斯加计算器改造而成的另一类计算器，因其使用纳白尔算筹进行计算，故称为筹式计算器。

　　这件筹式计算器外形呈长方体形，在表面上开有十二个长方孔，可表示十二位数。通过长方孔可看到放在计算器里面象牙制的中国式纳白尔算筹。在长方孔的上端都由右至左写着"末、二……十二"等字，在长方孔下端这些字之下都加一个"位"字，表示第几位数。计算器上面有可以上下移动的游标，中间十二个方孔内可看到牙筹某一行的数码。孔的上方从右至左分别刻着"十数""百数""千数""万数""十万""百万""千万""亿数""十亿""百亿""千亿""万亿"等字样。从方孔读到牙筹上某一数码时，根据游标上的字即知这一数码在哪一数位上。使用时用钥匙按动旋转，通过算筹可进行四则运算及开平方、开立方等运算。（王慧）

銅镀金珐琅四明钟

法国　19世纪末

高 45.5 厘米　宽 26 厘米　厚 16 厘米

　　此钟为两针时钟，可调节式水银摆。钟体饰錾胎珐琅，色彩鲜艳。钟盘上有"J.Ullmann ＆ Co"字样，机芯后夹板有"Made in France"的产地款识。可知此钟为瑞士乌利文（J.Ullmann）贸易公司在中国经销的法国生产的钟表。（关雪玲）

银鎏金浑天仪

清康熙八年（1669）
通高37.3厘米　边长35.8厘米　木座高22.4厘米

　　浑天仪的环架安在紫檀木方形框架中。仪器可分三层，外层水平圆圈为地平圈，刻有度分。与地平圈垂直相交的为子午圈，刻有四象限子午圈以内的各环分别为黄道带、黄道圈、赤道、白道，皆刻有度数。环架通轴的中心设一地球，上刻有"亚细亚""欧罗巴""利未亚""阿美利加"等当时五大洲的名称。

　　浑天仪是清钦天监官员、比利时传教士南怀仁等制造，并于康熙八年（1669）进呈朝廷。此仪是一种小型天体演示仪器，旋转浑天仪可以演示太阳、月亮围绕地球转动的情况，并可表现出日、月、月食现象，是清宫造办处制造天文仪器中较早的一件。

　　浑天仪的黄道带上镌刻满汉二体文款，汉文为"康熙八年仲夏臣南怀仁等制"。（王慧）

铜镀金地平半圆日晷

清康熙四十年（1701）

长 13.8 厘米　宽 11.2 厘米

　　日晷的指时盘为长方形，长边一侧加有测太阳高度的直立方铜框。指时盘中央放置指南针盘，针盘周围刻有时刻线。直立方盘上附加半圆，其上刻有角度数，从半圆半径穿孔处与指时盘连一丝线作为晷针，由晷针影位置观测时刻。半圆上加一可绕半圆中心旋转的游标，其两端置立耳，中间开一狭缝，两个立耳构成照准。

　　使用时，由指南针先定南北，再视细线在时刻盘上的日影，即为所求时刻。测量太阳高度时，旋转边框上的游标，使之对准太阳，此时游标上端所指的半圆弧上之刻度即太阳的高度。这种日晷既可测定时刻，又能测太阳高度，是 18 世纪初由清宫自制的一种多功能日晷。

　　日晷的时刻盘上镌刻"康熙四十年夏日御制"款。（王慧）

铜直柄钮"养心殿造办处图记"印

清乾隆（1736-1795）

长 5.7 厘米　宽 5.5 厘米　通高 9.5 厘米　纽高 7.8 厘米

　　铜质满汉文长方印，四行四字，阳刻篆书。养心殿造办处始创于康熙初年，康熙三十年（1691）奉旨移至紫禁城外西部慈宁宫南。此外，景山、圆明园也有许多造办处作坊。造办处在编制上属于内务府，是为皇家制造和储存各项器物的机构，下设十余个不同的作坊，由造办处管理大臣派本处司官分别管理。（魏晨）

康熙款戗金彩漆龙纹葵瓣式盘

清康熙（1662-1722）

口径 26.2 厘米 高 2.9 厘米

　　盘口沿葵瓣形，底足随形。盘内黄漆地，以红、黑、浅绿、墨绿、褐色填漆纹饰，戗金纹饰边线和细节。盘内以一条威武的红漆龙纹为主，伴有一颗龙珠，火焰纹、云纹围绕，龙身下海水江崖纹。口沿内外饰有云纹。底髹朱漆有"大清康熙年制"戗金楷书款。康熙款是目前发现清代漆器最早的年款，而且康熙款漆器只有戗金彩漆和螺钿镶嵌漆器两个品种。此盘是康熙时期漆器的标准器物。（张丽）

康熙款掐丝珐琅缠枝莲纹象足盖炉

清康熙（1662-1722）

通高 66 厘米　口径 22 厘米

　　炉身、炉盖铜胎掐丝珐琅，蓝色珐琅料为地。炉身用红、白、紫、深蓝色珐琅料饰缠枝莲纹，口缘处宝蓝色珐琅地红黄色夔龙纹，两侧镀金朝冠耳。炉盖面饰有镂空镀金八卦纹，口边铜镀金錾刻"大清康熙年制"楷书横款，盖顶铜镀金镂雕云龙纹钮。炉下有三象首做足。（邢娜）

康熙款画珐琅牡丹勾莲纹菱花式盘

清康熙（1662-1722）

口径 16.8 厘米　足径 8.3 厘米　高 2.3 厘米

　　菱花式盘，随形圈足。盘内外壁为黄色珐琅料做地，内饰十四朵缠枝莲，外饰一圈忍冬纹，色彩丰富。盘中心开光内，一朵盛开的牡丹形图案，四周环饰形态色彩各异的牡丹小花。

　　足底白色，中心蓝色双圆线框内书"康熙御制"楷书款。此盘表面光滑平整，采用的珐琅料颜色丰富，绘制精美，是康熙朝画珐琅技术发展成熟时期的代表作。（邢娜）

仿哥釉鱼耳炉

清

高 10.5 厘米　口径 9.3 厘米　宽 12 厘米

　　炉广口，弧腹，腹下内收，圈足，腹部对置鱼形耳。炉身施仿哥釉，
釉层饱满，釉面有大开裂。圆形镂雕炉盖，顶部为玉质宝珠形钮。炉底
附圆木座。（王照宇）

结语

养心殿像一位老者，几百年间，静静地矗立在紫禁城中，默默地见证着一个王朝的辉煌与没落。2015年岁末启动的"养心殿研究性保护项目"将持续五年，旨在通过科学的研究性保护修复，恢复并延续养心殿区域的健康状态，改善文物保存环境；透过文物研究，探寻发生在养心殿里一个个历史事件背后的故事。在此期间，这些在红墙内沉睡了百余年的文物走出了紫禁城，走出了养心殿，让观众近距离的观察欣赏，带领观众触摸远在历史另一端、封建帝王们生活的蛛丝马迹，感受源远流长的中华文明。

编辑委员会：

主　　　任：单霁翔

副　主　任：郭思克　王　斌　杨　波　卢朝辉

主　　　编：郭思克

副　主　编：王冬梅　王勇军　孙若晨

摄　　　影：冷含章

展览总策划：郭思克

项目负责人：王冬梅

设 计 布 展：王勇军　殷杰琼　张露胜　陈　阳

宣 传 教 育：陈　娟　刘安鲁　贾　帅

文 创 产 品：孙若晨　邹玉洁

文 物 安 全：赵　枫　张晓松　仪明源　曹　亮

项 目 协 调：白　杨　张德群　李　栋

图书在版编目（CIP）数据

中正仁和 ： 走进养心殿 / 山东博物馆编 . -- 杭州 ：
浙江人民美术出版社， 2018.7
　ISBN 978-7-5340-6920-8

　Ⅰ．①中… Ⅱ．①山… Ⅲ．①故宫－文物－图集
Ⅳ．①K87-64

　中国版本图书馆CIP数据核字（2018）第 137848 号

责任编辑　王雄伟
文字编辑　傅笛扬
责任校对　余雅汝
责任印制　陈柏荣
封面设计　张弥迪

中正仁和 走进养心殿

山东博物馆　编

出版发行：浙江人民美术出版社
地　　　址：中国·杭州体育场路347号〔邮编：310006〕
经　　　销：全国各地新华书店
制　　　版：浙江雅昌文化发展有限公司
印　　　刷：上海雅昌艺术印刷有限公司
版　　　次：2018年7月第1版　2018年7月第1次印刷
开　　　本：889mm×1194mm　1/16
印　　　张：15
印　　　数：0,001–1,000
书　　　号：ISBN 978-7-5340-6920-8
定　　　价：398.00元

如发现印刷装订质量问题，影响阅读，请与出版社发行部联系调换。